はじめての
地域防災マネジメント

災害に強いコミュニティをつくる

長谷川万由美／近藤伸也／飯塚明子〔編著〕
石井大一朗／土崎雄祐／柴田貴史〔著〕

Lectures on Disaster Management in Local Communities

How to foster disaster resilience

北樹出版

はじめに

東日本大震災から10年が経つ。戦後最大の複合災害とその被害規模の大きさから、東日本大震災は東北地方だけではなく日本全国や世界の国々に衝撃を与えた。この10年の間に、生活復興や、インフラ整備、法律や制度、産業、教育など、様々な分野で事業や取り組みが行われてきた。国レベルだけではなく、自治体や個人レベルにおいても、家族内で話し合ったり地域で防災の活動に取り組み始めた人や、これまでの取り組みを見直した人も多くいるだろう。

「地域防災」と聞くと、大変そうとか、面倒とか思う人がいるかもしれないが、地域防災の基本は、まず自分の命を守り、周りにいる身近な人の命を守ることである。そのための日々の取り組みとしては、まず自分自身が心身ともに健康で、周りの人とコミュニケーションをとり、いざとなったら助け合える生活環境を作ることが基本である。地域の防災訓練などのイベントに参加する。日常生活の中で近所の人に挨拶をする。家族や友人とキャンプに行き、避難所と似た状況で炊き出しをしたり、テントで寝てみたりする。小中学生の子どもの登校時に一緒に登校ルートを歩いて、避難所に指定されている学校までのルートを確認する。これらもすべて、防災活動の1つである。日々の生活の仕方を少し工夫したり、見方を変えたりすることが地域防災につながる。

その上で、本書は災害に強いまちづくりに向けて、地域防災をめぐる基本的な考え方を理解し、具体的な過去の事例を紹介する。その過程で、本書が1人ひとりの行動につながるきっかけやヒントになれば幸いである。地域防災を実践している人はもちろん、これから防災活動を始めようと思っている人や興味がある人も教材として活用してほしい。

本書は次のような章立てで構成されている。1章「災害を理解する」では災害発生のメカニズムと防災マネジメントを論ずる。2章「避難から復興へ」では発災から復興までを大きく4つの段階で整理する。3章「復興から強靭化へ」では復興支援に関連する法制度や、被害を最小にしてそこからの復興をより容易にするための事前の備えの重要性を理解する。さらに災害に強いまちづくりの具体的な方法を整理する。

4章、5章、6章は1人ひとりの市民のレベルから地域防災を考えていく。できるだけ具体的な事例を紹介することで、1人ひとりの行動につながるように配慮した。4章「災害ボランティア」では、災害時に必要とされるボランティア活動とその組織化について、特に災害ボランティアセンターを立ち上げ、運営することが多い社会福祉協議会に留意しながら論じた。5章「地域で支える」では、自治会・町内会や自主防災組織といった地域住民主体の減災・防災活動について整理した。6章「社会とこころのレジリエンス」は被災者としての市民、中でも生きづらさを抱える人に焦点をあてて、その支援とケアについて述べた。

最後に、7章「グローバルな視点からの地域防災」では世界に目を向け、防災や復興支援の世界的な基準であるスフィア基準や、国際的な枠組である仙台防災枠組について解説した。さらに、防災という視点からの日本と他国との国境を越えた支援の様子について述べた。

各章の構成としては、最初にその章が概観できるイントロダクションを、最後に授業や講座でレポートやグループワークに活用できる課題と参考文献を配した。さらに、各章の理解をより深めるため、1995年の阪神・淡路大震災から災害時復興支援ボランティアとして活動しているマイキーこと柴田のワンポイント解説を「マイキーズ・アイ！」として各章末にまとめた。

本書は幅広く様々な読者層を対象としている。大学等でのテキストとして用いられる場合には1章から順を追って使用することをお勧めする。各章末の課題も活用して、受講生の理解を深めていただきたい。地域住民のリーダーやNPO等に携わる人、あるいは行政関係者は4章、5章、6章の関心のあるテーマの章から読んでいただき、1章、2章、3章、7章へと視野を広げていただくのもよいだろう。防災に関心のある一般の方は、まずは「マイキーズ・アイ！」を読んでみてほしい。多くの現場での経験を踏まえたマイキーからの一言は、きっと読者のみなさんの防災への見方を変えてくれるだろう。

最後に、本書を読むことで地域防災についての理解が深まり、1人でも多くの人が地域防災に興味を持ち、主体的にかかわってくれることを期待する。

飯塚 明子・長谷川 万由美

目　次

3章　復興から強靭化へ　41

4章　災害ボランティア　61

2011年、地震災害、津波災害および放射性物質による災害である東日本大震災が発生し、死者・行方不明者は2万人を超えた。その前後の時期でも、火山災害、風水害、地震災害をはじめとした様々な種類の災害が発生している。防災計画は災害対策基本法をもとに防災基本計画と地域防災計画が策定される。近年、大規模自然災害から迅速に復旧・復興するための国土強靭化の計画や、地区居住者等が提案する地区防災計画が策定されてきている。災害や防災の定義は変わらなくとも、災害発生後の被災地の実態、および日常時の災害に備えた取り組みは、社会の変化とともに少しずつ変わってきている。

災害の発生前には、被害そのものを抑止する施策と被害の軽減に向けた取り組み、および災害予知や警報が来る前の準備を行う。災害発生後には、被害評価、災害対応から復旧・復興を行うだけでなく、災害の教訓を次世代に伝承することが重要である。また各項目の円滑な実施には、情報マネジメントが欠かせない。本章では、こうした視点に基づいた防災マネジメントを提案する。

1章 災害を理解する

近藤　伸也

1 ▶ 日本と災害

（1）災害と縁の深い日本

2011年3月11日14時46分、三陸沖を震源とするモーメントマグニチュード（Mw）9.0の地震（東北地方太平洋沖地震）が発生し、東日本を中心に広い範囲で揺れを観測した。この地震に伴い、東北地方から関東地方北部の太平洋側を中心に広い範囲で津波が発生し、死者1万9,747人、行方不明者2,556人（消防庁2021年3月8日現在）という甚大な被害になった。2011年東日本大震災である。多くの人命が失われた悲しみとともに、被災者は自分の生活を守るために様々なことに取り組んだ。しかし、9年経過した2020年現在でも復興に向けた事業が進んでいる。大きな災害が発生すると復興するまでには時間がかかるといえる。

東日本大震災だけではなく、日本は世界でも災害が多い国である。『平成22年版防災白書』によると、世界全体に占める日本の災害発生割合は、マグニチュード6以上の地震回数20.5%、活火山数7.0%、死者数0.3%、災害被害額11.9%など、世界の0.25%の国土面積に比して、非常に高くなっている。表1-1は元号が昭和から平成になった1989年以降、日本政府に非常災害対策本部が設置された自然災害を示したものである。この非常災害対策本部については3節にて後述する。元号が平成に変わってからも地震災害、風水害だけではなく火山災害や雪害などの災害が発生している。

明治期には、岐阜県美濃地方を震源としたマグニチュード8.0の濃尾地震（1891年）をはじめとした災害が発生している。大正期にはマグニチュード7.9の地震によって首都圏で約10万5,000人の被害を受けた関東大震災（1923年）などの災害が起こった。昭和期には台風による高潮災害を中心とした被害によって5,098人に及ぶ死者・行方不明者が発生した伊勢湾台風（1959年）をはじめとした災害があった。江戸時代でも安政東海地震と安政南海地震（ともに1854年）、および安政江戸地震（1855年）などが発生している。私たちは日本で生活を続けるのならば、災害とは縁が深いものであると考えたほうがよい。

表1-1　日本における1990年以降の自然災害

発生時期	名称等	概　要
1990年11月～	雲仙普賢岳噴火災害	死亡者等44人 1991年6月に発生した火砕流により43人の死者・行方不明者が出た。
1993年7月	北海道南西沖地震	死亡者等226人 日本海側で発生した地震であり、北海道の奥尻島では地震発生後4～5分で津波が来襲し、火災とともに被害を与えた。
1993年8月	平成5年8月豪雨	死亡者等49人 鹿児島県で記録的な豪雨による浸水被害や土砂災害によって被害が生じた。
1995年1月	兵庫県南部地震（阪神・淡路大震災）	死亡者等6,437人 兵庫県淡路島北部を震源とした最大震度7の地震による建物、構造物被害と火災により多数の犠牲者が発生した。
2000年3月～	有珠山噴火災害	北海道の有珠山で噴火が発生した。噴火前に迅速な避難誘導が行われたため、人的被害はなかった。
2000年6月～	三宅島噴火災害	伊豆諸島にある三宅島の雄山の噴火活動により全島にわたって被害が発生した。島民は全島避難しており人的被害は発生しなかったが、帰島まで4年以上を要した。
2004年10月	2004年台風23号	死亡者等98人 2004年は台風16号、18号、21号の影響による豪雨があった。それらに続く大規模な降雨であったため、大きな被害となった。
2004年10月	新潟県中越地震	死亡者等68人 新潟県中越地方を震源とした最大震度7の地震が発生した。中山間地域を中心に土砂災害等による道路閉塞が発生し、集落が孤立するなどの被害が生じた。
2011年3月	東北地方太平洋沖地震（東日本大震災）	死亡者等22,303人（2020年3月現在） 三陸沖を震源としたMw9.0の地震とそれに伴う津波により、東北地方および関東地方の太平洋沿岸を中心に大きな被害を生じた。宮城県、岩手県、福島県沿岸地域での被害は甚大であった。
2011年9月～	2011年台風12号	死亡者等98人 大型の台風で動きが遅かったため、西日本から北日本にかけて記録的な大雨となった。紀伊半島では浸水、河川氾濫、土砂災害により大きな被害が生じた。
2014年2月	大雪による災害	死亡者等26人 本州南岸を進む低気圧が発達して西日本から北日本にかけて記録的な大雪となった。関東甲信地方や東北地方の一部では、平年値と比べてはるかに多く降った。そのため、家屋被害や農業被害が大きかった。

2014年8月	平成26年8月豪雨	死亡者等91人 台風12号、11号による大雨と、前線の停滞による大雨があったため全国で大雨が降りやすい天候が続いた。広島市では住宅地で土砂災害により、77人の死者が発生した。
2014年9月	御嶽山噴火災害	死亡者等63人 長野県と岐阜県の県境に位置する御嶽山が噴火した。当時登山していた観光客に被害があった。
2016年4月	熊本地震	死亡者等273人（2019年4月現在） 4月14日に熊本県熊本地方を震源とするM(マグニチュード)6.5、最大震度7の地震（前震）が発生し、4月16日にも同地方を震源としたM7.3、最大震度7の地震（本震）が発生した。住家被害など多数の被害が生じた。
2018年7月	平成30年7月豪雨 （西日本豪雨）	死亡者等271人（2019年8月現在） 前線の影響で西日本を中心に全国的に広い範囲で大雨となった。河川の氾濫や土砂災害により大きな被害が生じた地域があった。
2019年10月	令和元年東日本台風 （令和元年台風第19号）	死亡者等121人（2020年10月現在） 台風19号は大型で強い勢力を保ったまま関東地方を通過した。記録的な大雨になり、1都12県で大雨特別警報が発表された。土砂災害や浸水により関東地方以北で大きな被害が生じた。
2020年7月	令和2年7月豪雨	死亡者等86人（2021年2月現在） 7月上旬に九州地方を中心に、西日本から東日本の広範囲にわたる長期間の大雨となった。熊本県南部を中心に河川の氾濫や土砂災害による被害が生じた。

（出典：非常災害対策本部が設置された災害を、令和2年版防災白書の緊急災害対策本部及び非常災害対策本部の設置状況をもとに、名称と概要は消防庁の災害情報および内閣府防災担当の報告書を参考に筆者作成）

2020年現在、新型コロナウイルス感染症（COVID-19）対策の影響で、世界全体の活動に影響が及んでいる。日本でも新型インフルエンザ等対策特別措置法により新型コロナウイルス感染症対策本部が内閣官房に設置され、感染対策などの検討がなされている。都道府県や市町村にも首長を本部長とした対策本部が設置されて対策がなされている。

（2）災害と防災

そもそも災害とは何なのか。災害対策基本法では以下のように定義されている。「暴風、竜巻、豪雨、豪雪、洪水、崖崩れ、土石流、高潮、地震、津波、噴火、地滑りその他の異常な自然現象又は大規模な火事若しくは爆発その他その及ぼす被害の程度においてこれらに類する政令で定める原因により生ずる被害をいう。」災害は表1－2に示すように自然災害と人為災害がある。放射性物質に関する災害は、産業災害とCBRNE（シーバーン）災害に含まれている。CBRNE災害には原子力発電所による被害が含まれており、産業災害のものはそれ以外の医療の診療に使われる放射線に関する事故などが含まれる。最近では、東日本大震災という自然災害に、人為災害の福島第一原子力発電所事故（表1－2におけるCBRNE災害に該当）が関連することから、自然災害に人為災害の要素が混合されてきている。2020年から流行している新型コロナウイルス感染症は、表1－2における自然災害の生物系に含まれる。

表1－2　災害の分類

	災害系	災害種別	詳　細
自然災害	水気象学系	風水害	洪水、強風、大雨、高潮、台風、竜巻、降雹
		雪氷災害	大雪、雪崩、融雪、着雪、吹雪、流氷
		その他気象災害	長雨、干害、日照不足、落雷、冷害
	地質学系	地震	地震、津波、遠地津波、液状化
		火山	噴火、溶岩流、火砕流、泥流、降灰、噴煙、噴石、噴気・ガス
		斜面災害	表層崩壊、土石流、斜面崩壊、地すべり、落石・落盤
	生物学系		新型インフルエンザ、SARS
人為災害	都市災害		大気汚染、水質汚濁、地盤沈下、火災など
	産業災害		工場・鉱山・土建現場などの施設災害、労働災害、放射線災害など
	交通災害		陸上交通・飛行機事故、船舶事故など
	管理災害		設計・計画のずさん、施工劣悪、管理不備・怠慢、行政処置の不当など
	環境災害		ヘイズ（煙害、黄砂など）やアラル海などの環境破壊が誘発した災害
	紛争災害		国境紛争・内戦など
	CBRNE災害		Chemical（化学）・Biological（生物）・Radiological（放射性物質）・Nuclear（核）・Explosive（爆発物）

（出典：國井（2012）および鈴木ほか（2016）より改変）

同様に防災とは、災害対策基本法によると、「災害を未然に防止し、災害が発生した場合における被害の拡大を防ぎ、および災害の復旧を図ることをいう」とある。この定義は、地震や大雨などの現象そのものを防ぐことはできないものの、現象に伴う被害、すなわち災害は防ぐことができることを示している。また、その後の火災や津波、避難の遅れによる災害関連死などの被害の拡大も防ぐことができることを示している。では、防災を地域で実現するためにはどのような枠組で考えていくのが有効なのだろうか。これから解説していきたい。

2 ▶ 防災マネジメント

（1）防災マネジメントの全体像

本節では、総合的な災害管理について言及している目黒ほか（2016）をもとに、市民や地域などが防災を実施するための防災マネジメントを提案する。マネジメントとは、組織や地域などを管理／経営することである。例えば、個人や組織の知識を課題解決などに活用するナレッジマネジメントなど、様々な種類のマネジメントが存在する。図1-1はその全体像であるが、防災マネジメントは災害発生後だけ頑張るのではなく、災害が発生する前の日常生活から（A）被害抑止を支援する施策と、（B）被害軽減に向けた取り組み、（C）災害予知と警報が来る前の準備を少しずつ積み上げることが大事となる。災害発生後には、（D）被害評価を迅速に行うシステムを構築して、（E）災害対応の支援を行い、（F）復旧の支援および（G）復興の支援の段階になっても、それで終わりにするのではなく、この災害がどのようなもので何が教訓なのか、（H）次世代への伝承が重要である。また、それぞれの項目を円滑に実施するためには、（I）情報マネジ

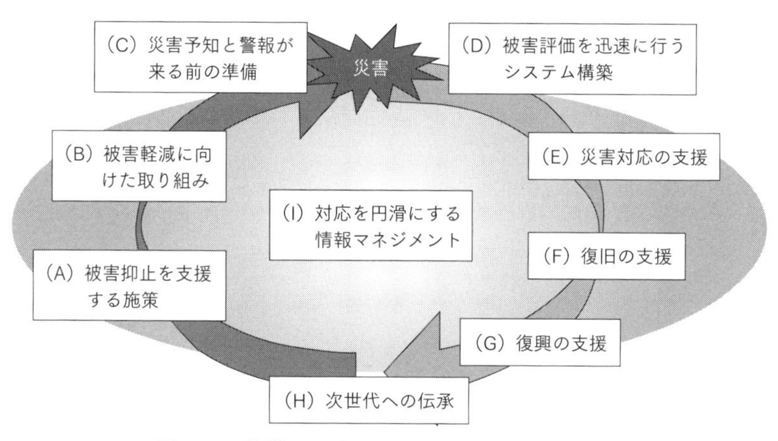

図1-1　防災マネジメントの全体像（出典：目黒ほか 2016）

メントをどのようにするかを検討しなければならない。

（2）防災マネジメントの各項目

1）被害抑止を支援する施策（主な担い手：市民）

被害抑止を支援する施策とは、「外力によって災害および災害による被害が引き起こされないようにする対策」を意味する。ここでいう外力とは、災害発生の潜在的要因となるものである。地震災害における地震そのものによる揺れ（地震動）であり、竜巻災害における竜巻そのものを指す。

被害抑止策は、河川から水が浸水しないように堤防を高くする、津波が襲来しても沿岸の市街地には及ばないように防波堤を高くするなど、行政が行うべきものが多い。しかし市民が対策できるものとして、地震の被害抑止策の１つである、市民が所有する建物の耐震補強がある。建物の耐震性は建築基準法の改正前後で変わる。木造住宅において大きく基準が変わったのが、1978年宮城県沖地震を機に改正された1981年と1995年阪神・淡路大震災を機に改正された2000年である。阪神・淡路大震災では1981年以前の木造住宅を中心に被害が生じており、2016年熊本地震では1981～2000年建造の木造住宅にも被害が生じている。

耐震補強は、木造住宅では2000年以前に建てられ耐震基準を満たさない建物に対して、基準を満たすように補強工事を行うことである。近年、学校や病院など人が集まる施設で窓の外や壁がない空間に耐震補強で斜めの部材が入っているのを見たことがあると思うが、これは、地震動が建物に到達した際に発生するせん断力（図１-２）という力に耐えられるように入れられたものである。これは木造住宅の耐震補強でも同じように行われる。一般的には建築の専門家による耐震診断が行われて耐震補強の必要性が判断されたならば、耐震補強の計画がなされて工事が行われる。ほとんどの地方自治体では耐震診断と耐震補強工事について助成制度が実施されている。

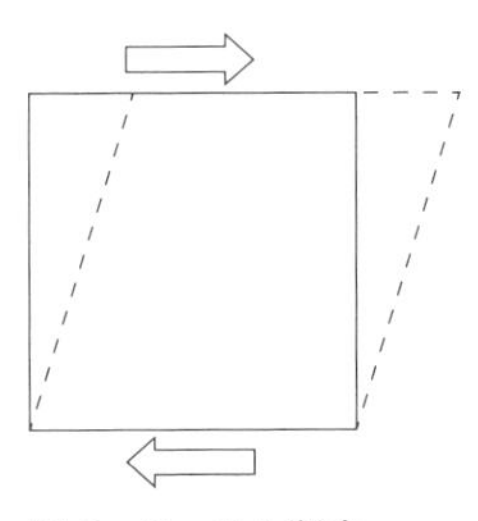

図１-２　せん断力
（筆者作成）

建物の耐震性が確保された後には、家具および什器の転倒防止策を講じなければならない。転倒防止策は、家具や什器が転倒して身体に被害が出たり、避難通路がふさがれないことを目的として、転倒防止装置を取り付けたり、避難通路をふさがないように家具や什器のレイアウトを変更することである。みなさんがよく滞在するところをイメージすると、仕事をする机があるところや睡眠をとる空間を思い浮かべるだろう。すべての家具や什器に対策を施すことが重要であるが、予算面からすべてに行うことは難しいこともある。その際はよく滞在する空間およびその空間から外に移動する動線を優先して対応することが必要である。

このように筆者が建物や室内の耐震性にこだわるのは、牛山ら（2016）が指摘しているように地震災害では建物の倒壊によって多くの人的被害が発生しているためである。

2）被害軽減に向けた取り組み（主な担い手：市民）

本節で定義する被害軽減とは、災害および災害による被害が起こった後の影響の拡大を防ぐために日常から準備しておくことである。影響の拡大とは、外力およびある被害への対応がうまくいかなかったために、別の被害が生じてしまうことである。地震発生後に外に避難する際に電気のブレーカーを落とさなかったために火災が発生することがある。被害軽減に向けた取り組みで代表的なものが、防災や災害対応に関する能力を身につける防災教育や防災訓練である。どちらかというと防災訓練は身体を動かして能力を身につける、もしくはやり方を確認するものであり、防災教育はそれに加えて知識を得ることを合わせたものである。防災教育と防災訓練は行政が行うイメージがあるかもしれないが、市民がアイデアを持ち寄って市民のニーズに合った訓練をしているところもある。防災教育と防災訓練については２章２節でふれる。

3）災害予知と警報が来る前の準備（主な担い手：市民）

災害の予知や警戒情報は、その性質上、予知または警戒情報が発表されても災害が発生しない空振りが起こることもあれば、予知や警報が発表される前に災害が発生することもある。予知や警戒情報は、それらがどのように発表されているのかを知って活用することが大事である。

そのため災害が発生する前に発信される予知および警戒情報を受信したときに、自分や家族および職場の安全を守るために何をするべきかを平時から準備しておくことが重要である。災害に関する警戒情報としては、地震災害における緊急地震速報をはじめ、土砂災害の警戒を呼びかける土砂災害警戒情報や河川の増水や氾濫に対する警戒を呼びかける指定河川洪水予報などからなる防災気象情報、住民の避難を呼びかける高齢者等避難および避難指示などがある。今回は運用開始されてから15年近く経過して、身近なものになりつつある緊急地震速報について紹介する。

緊急地震速報とは、気象庁のウェブページによると、気象庁が地震の発生直後に、各地での強い揺れの到達時刻や震度を予想し、可能な限り素早く知らせる情報のことである。東日本大震災など大きな地震が頻発して発生した際に、携帯電話やスマートフォンなどから緊急地震速報のブザー音が鳴っていたのを覚えている人も多いと思う。緊急地震速報を知らせる音は、テレビやラジオ、防災行政無線、受信端末などで使用されている「チャイム音」や携帯電話会社共通の専用の「ブザー音」がある。地震が発生すると、まず気象庁や防災科学技術研究所などが全国各地に設置している地震計の１つが感知して、各地の揺れの到達時刻や震度を推定する。地震が広がっていくと感知する地震計の数が増加するので、推定の精度が上がる。この推定には数秒ではあるが時間がかかるため、震源近傍の地域では緊急地震速報が間に合わないこともある。緊急地震速報は地震が発生した後に発表されるものであり、地震発生前に発生を予知できないシステムになっている。このような性質を理解して、緊急地震速報から発せられる情報の意味を理解できる。

４）被害評価を迅速に行うシステムの構築（主な担い手：消防、警察をはじめとした災害対応組織）

災害発生直後は全員が自分の身を守ることに集中することになるが、外力が収まった後は緊急時の対応（救急救命活動等）をより適切に進めるために、被害の程度を把握する「被害評価」を迅速に行うシステムを構築する必要がある。

このようなシステム構築の考え方としてCSCAがある。これは災害時に効率的な医療活動を行うための基本原則であるCSCATTT（表１-３）の前半部分をもとにしている（MIMMS日本委員会 2013）。以下、CSCAの各項目について説明する。

表1-3　CSCATTTの概要

前半部分（CSCA）	C	Command and Control（Coordination）	指揮命令系統の確立
	S	Safety	安全確保
	C	Communication	通信連絡方法の確立
	A	Assessment	被害の評価
後半部分（TTT）	T	Triage	トリアージ
	T	Treatment	治療
	T	Transport	搬送

（出典：Advanced Life Support Group, MIMMS日本委員会訳（2013））

CSCAにおける「C: 指揮命令系統の確立」は、指揮と統制、および調整からなる。指揮とは、組織の上から下（垂直方向）に機能するものである。ある組織が指揮によって動くものとすると、ある職員は、1人の上司から与えられた業務を実施する。業務の実施結果は、業務を与えた上司にのみ報告する。統制は、業務を実施するにあたって必要な人員、物資、時間、場所などを見積もって配分し、業務の実施状況を監視することである。調整は、災害対応の現場で最大限の対応ができるように、庁舎にある災害対策本部が現場に権限を委譲することである。現場にある複数の組織が1つの組織のごとく指揮統制できるようにすることを統合指揮と呼ぶ。

CSCAにおける「S: 安全確保」は自分の身を守ることを意味している。災害によって身に危険なことが起こった、もしくは起こりそうなときには、現場から退避して、立ち入りを禁止し、消防署や消防団など専門的な対応ができる組織に救急救助が必要であることを知らせることが重要である。災害時に発生した火災が個人では対応できない規模に延焼した場合には、安全な場所に避難し、現場には入れないように措置をして、「119」もしくは消防署や消防団に火災発生の連絡をする。

CSCAにおける「C: 通信連絡方法の確立」は、早い段階で自分にとって大切な人（家族、パートナー等）との連絡体制を確立して、定期的に連絡を取り合うための手立てを講じることである。大切な人とは、両親、パートナーなど人によって変わるのでこのような表現を使っている。個人の災害対応を考える場合、二段階の考え方がある。通信手段に被害が生じなかった場合は、ほとんどの人が日常と変わらない連絡手段をとることになるだろう。一方で通信手段に被害が生じた場合、家族や友人、職場などに対して、どのような手段で連絡をとるのかを考えなければならない。例えば家族であれば、停電や輻輳等により通信手段がない場合のために集合場所をあらかじめ決めておいて、災害時はその場所に集合することもあるだろう。

CSCAにおける「A:被害の評価」は、今後、自分が何をしなければならないかを決断するために行うものである。災害医療には評価レポートの形式でMETHANE（メタン）というものがある。これは災害発生直後の情報共有のために開発された形式であり、表1-4の項目に従って報告することによって、抜けもれなく状況を報告できるようにしている。

表1-4　METHANEの各項目

M	Major incident	災害であることを宣言する
E	Exact location	どこで起こっているのか
T	Type of incident	どんな種類の災害なのか
H	Hazard	被害が拡大するおそれはないのか
A	Access	どのようにしてたどり着けるのか
N	Number of casualties	何人ほど巻き込まれそうなのか
E	Emergency service	現場で必要なことは何なのか

（出典：Advanced Life Support Group, MIMMS日本委員会訳（2013））

5）災害対応の支援（主な担い手：行政をはじめとした被災者支援組織）

ここでいう災害対応とは、災害発生時あるいは直後に生じる被災者の救命・救助・救援活動を指す。具体的には災害救助法（1947年施行）に示されている。災害救助法は災害直後の応急的な生活の救済などを定めた法律であり、都道府県と国による被災者救助の基本的枠組である。多数の被害が発生した被災市町村に対して、都道府県が適用し、応急的な救助の要請、調整、費用の負担を行う。法に定められた救助の費用は、原則として各都道府県が負担し、都道府県の財政力に応じて国が負担する。災害救助法には適用基準があり、被災地の人口に応じて住家滅失世帯数が定められている（2章参照）。

6）復旧・復興の支援（主な担い手：行政をはじめとした被災者支援組織）

復旧とは機能を回復するための諸活動であり、災害復旧とは災害発生以前の生活を取り戻すための一連の活動である。一方で復興は、復旧とは違い、災害発生前のもとの生活とは違う何かを獲得するものである（３章１節を参照）。

災害によって道路をはじめとした生活を支えるインフラストラクチャー（インフラ）に被害が生じる場合がある。完全な復旧には時間がかかると予想される一方で、生活を取り戻すためには早期の復旧が必要となる場合、本格的に復旧する前の段階として、構造物は仮設にしてインフラそのものの機能だけを取り戻す応急復旧を行うことが多い。例えば、地震災害によって落橋被害が生じた場合に仮設橋梁を建設するなど、水害によって堤防が破堤した場合に、次の大雨に備えて土のうで仮設の堤防を造ることなどである。

７）次世代への伝承（主な担い手：被災者支援組織、被災者）

被災地のいち早い復興を願いつつ、過去の災害に関する情報や災害の教訓を、経験していない人々に伝えることである。形式としては①記録、②物語、③図画と④モニュメントの４つが挙げられる。

①記録とは、当時の状況をそのまま認識できるように各種媒体に収録したものであり、写真や動画、新聞、報告書などがある。災害時の新聞記事や写真、動画などを保存して検索して活用できるものはアーカイブと呼ばれている。例えば朝日放送グループは2020年１月に、「阪神淡路大震災25年激震の記録1995取材映像アーカイブ」を公開している（木戸 2020）。近年の記録は、携帯電話・スマートフォンの普及により個人が撮影した画像・動画が多いが、1995年当時においては報道機関が撮影したものが圧倒的に多い。そのため報道機関により公開されたアーカイブは、当時の状況を知る上でも貴重である。2020年現在、大学生の多くは阪神・淡路大震災を直接的には知らない世代ではあるが、その大学生が当時の映像をみることで、都市型災害の恐ろしさを知ることができる。

②物語は、防災に関する教訓などをより効果的に後世に伝えるために、物語というフォーマットにあてはめたものである。代表的なものとしては1897年に小泉八雲が英語で発表し、1934年頃に中井常蔵が和訳した「稲むらの火」がある。これは、1854年の安政南海地震の出来事をもとに、地震発生後の津波への警戒や早期避難の重要性を伝えてきた。

③図画は、災害時の状況を後世に伝えるために市井の人々を含め広く描かれたものである。代表的なものとしては、安政江戸地震（1855年）で流行した「なま

ず絵」がある。これは、地震の化身とされたなまずを用いて災害からのいち早い復興を願ったものである。

④モニュメントは、石碑や像など形あるものを主に行政や団体、個人が設置して、災害について後世に伝えるものである。津波による被害が発生した地域では、津波が到達した地点に津波碑が設置されることがある。津波常襲地帯の三陸地方に多いが、安政南海地震による津波で被災し、今後も南海トラフ地震による津波によって被災するといわれている大阪市にも設置されている。

8）対応を円滑にする情報マネジメント（主な担い手：災害対応組織、被災者支援組織、市民）

災害対応時に取り扱う情報は、どこが壊れたのか、どこが通れないのかなどを示す被害情報、個人の安否を示す安否情報、給水所など生活に必要なものがどこにあるのかを示す生活情報などがある。本章で定義する情報マネジメントは、①情報の収集から②管理、③加工、④活用までの一連の流れを意味する。情報マネジメントの目的は、災害対応組織や被災者支援組織が今後の被災地をどのようにするかを示す目標と対応方針を策定できるように被害状況の全体像を認識できるよう整理するとともに、救助活動を行う部隊に要救助場所と車両が通過可能な道路地図を提供することや、被災者を支援する組織に、利用可能な生活に必要な施設に関する情報を提供するなど、災害対応業務で情報を活用することである。

①収集とは情報を集めることであるが、その際には、すべての情報をやみくもに集めるのではなく、組織として被災地をどのようにするかを示す目標に従って集めることとなる。例えば地震の発生直後には、被災した人が生き残ることが目標になるので二次災害に留意しながら要救助の情報を集めることになるが、救助活動が一段落ついた後には、被災者を支援することが目標になるので生活情報を集めることになる。②管理とは、集まってきた情報に索引などの情報の見出しとなる項目を設定することで、情報を検索しやすくすることである。管理の仕方は情報の種別によって異なる。ヤコブソン（2004）の『情報デザイン原論』によると、地名、人名に関する情報は五十音順、業務種別に関する情報はカテゴリー別、震度分布やライフライン、道路被害など被害の全体像を示す情報は地図で認識できる形式、避難者数、建物倒壊数など被害の大きさとその後の施策に必要と

なる資源を認識できる情報は、数量で認識できる形式、道路の復旧予定日など今後の見通しを立てるための情報は時系列で認識できる形式となる。③加工とは、集まってきた情報を災害対応業務の内容に応じて、業務を実施する人たちが認識できる形式にまとめることである。2005年に発生した米国のハリケーン・カトリーナ災害において、ミシシッピ州ハンコック郡の災害対策本部ではGIS（地理情報システム）を使うIT企業が、災害対応業務を実施する人たちの情報に関する需要を把握して、必要な情報を地図として渡していた。このように加工された情報を④活用することにより、被災地の状況を考慮した災害対応業務の実施が可能となる。

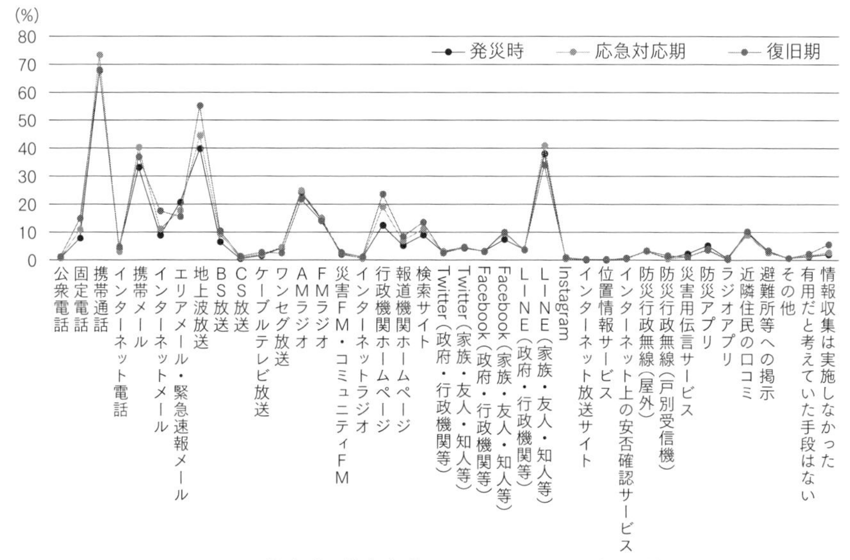

図1-3　災害時の情報収集に利用した手段の時系列変化
（出典：総務省熊本地震におけるICT利活用状況に関する調査）

筆者の授業で大学生に災害時の状況について考えてもらう際、学生から災害発生直後の情報収集について、スマートフォンの利用の可否などをよく聞かれることからも、災害時に情報を収集することは最大の関心事である。2016年熊本地震において、総務省は情報収集手段の活用に関する調査をウェブアンケートにより実施している。

図1－3は、提供されているアプリケーションサービスの利用状況を調査したものである。情報の収集時期は、発災時、地震発生から数日の応急対応期、および発災から1ヵ月半後の復旧期としており、災害発生後において収集した情報は、地震に関する情報、避難・安否情報、ライフライン・救急および生活一般情報である。全時期において利用が多かったのは携帯電話による通話であった。災害発生直後は音声通話を利用する人が多い。かつては固定電話が主流だったが近年では携帯電話、さらにソーシャル・ネットワーキングサービス（SNS）の音声通話機能の利用が増えている。次いでテレビの地上波放送は、発災時から応急対応期、復旧期と利用が増加している。災害発生直後は停電などで視聴できなくても、被災地の生活情報が放送され始める応急対応期以降は情報源となっている。ただし、市区町村の一部の区域において地域に密着した情報を提供する既存のコミュニティ放送や災害発生後に臨時に開局される臨時災害放送局が、被災地に限定された情報を入手する際にはよいとされる。

最近では、全国瞬時警報システム（J-ALERT）から配信される地震・気象情報や避難情報等の緊急情報を電源が切れた状態でも自動で起動し、通常放送に割り込んで放送する緊急告知機能付き防災ラジオが運用され始めている。栃木県宇都宮市では、エフエム栃木から特殊な信号を発信して放送を行っている（宇都宮市 https://www.city.utsunomiya.tochigi.jp/kurashi/anshin/bosai/1019013.html）。被災地のローカルな情報を検索するという意味ではインターネットも有効ではあるが、日常から公式発表などの信頼性の高い情報がどこにあるかを把握し、非公式に流れている情報とのつき合い方を身につけておかなければならない。また、災害発生直後は都道府県および市区町村のウェブページはアクセス過多でダウンすることもある。

また家族や友人と、SNSに位置づけられるLINEがよく使われている。LINEの文字情報でのやり取りという機能は、携帯端末のメールやSMS（ショートメッセージサービス）と同じ役割を果たすものであり、音声およびビデオ通話機能は音声通話に代わるものである。またタイムラインなどに近況を掲載することで、つながりのある友人に自分の状況を放送しているともいえる。今後も、若年層の情報収集手段としてSNSは用いられると思われるが、2008年には国内でユーザーが多かったSNSがmixiであったように、時代の推移とともに利用されるサービスは変わっている。また2021年6月現在のように、新型コロナウイルス感染症への対応により非対面的な仕事のプロセスが求められる状況下では、Zoom や Microsoft Teams などのオンライン会議システムが広く使われるなど、インターネットサービスとのかかわり方も変わってきている。日常から、使っている情報収集手段の特徴を理解し、災害時に情報収集する際に何が想定されるのかを認識しておくことが重要である。

3 ▶ 防災計画のいま

日本には、災害時に自分自身と家族の身の安全を守る自助、地域やコミュニティなど周囲の人たちが助け合う共助、公的機関が救助する公助からなる自助・共助・公助（詳しくは4章参照）の「公助」をどのように実施するかを定めた防災計画がある。図1－4は計画の全体像である 。

防災に関する基本理念が定められているのが、災害対策基本法（1961年施行）である。この法律では、防災に関する役割分担が明確化され、災害時に都道府県や市町村に設置される災害対策本部の機能についても明記されている。非常災害（3章1節）に至らない規模の災害が発生し、または発生するおそれがある場合に、地域の状況等を考慮して防災担当大臣を本部長とした特定災害対策本部が設置される。災害応急対策を推進するための特別の必要があると認められた場合に、内閣総理大臣を本部長として臨時に内閣府に設置されるものが、非常災害対策本部である。また、国としての総力を結集しなければならないほど激甚な被害をもたらす災害が起こった際に設置されるのが、緊急災害対策本部であり、これまでに阪神・淡路大震災と東日本大震災において設置されている。またこの法律に基づいて、災害の種類に応じた対策を災害予防、災害応急対策、災害復旧・復興という段階ごとに定義し、内閣総理大臣をはじめとする全閣僚、指定公共機関の代表者および学識経験者により構成される中央防災会議を規定しているのが、防災基本計画である。

この防災基本計画に従って、中央省庁などの指定行政機関や日本銀行、日本赤十字社など、災害時の対応が期待される指定公共機関が策定する防災計画が防災業務計画である。一方で、都道府県と市町村が防災会議を設置し、防災基本計画

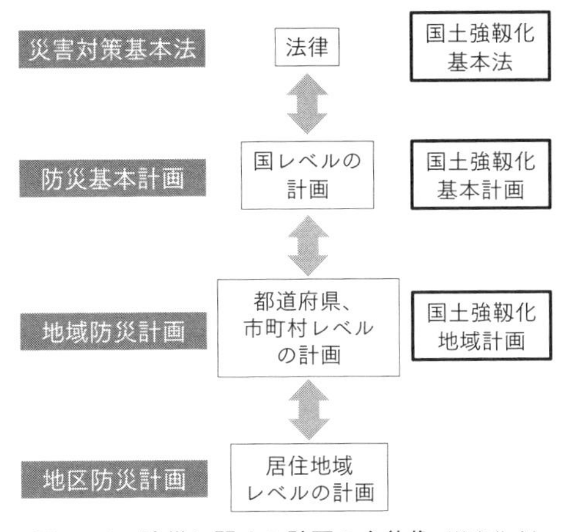

図1-4　防災に関する計画の全体像（筆者作成）

の内容をもとに地域の実情に即して策定するのが地域防災計画である。

一方で、事前防災および減災その他迅速な復旧復興ならびに国際競争力の向上に資する国民生活および国民経済に甚大な影響を及ぼすおそれがある大規模自然災害等に備えた国土の全域にわたる強靱な国づくり（以下、国土強靱化）の推進に関し、基本理念を定め、国等の責務を明らかにし、および国土強靱化基本計画の策定その他国土強靱化に関する施策の基本となる事項を定めるとともに、国土強靱化に関する施策を総合的かつ計画的に推進し、もって公共の福祉の確保ならびに国民生活の向上および国民経済の健全な発展に資することを目的とした法律が、強くしなやかな国民生活の実現を図るための防災・減災等に資する国土強靭化基本法（2013年施行、以下、国土強靱化基本法）である。この国土強靱化に係る国の計画等の指針となるのが国土強靭化基本計画であり、この計画に基づいて都道府県や市町村が検討した計画が国土強靱化地域計画である。

東日本大震災では、自助、共助および公助が連携することによって大規模広域災害後の災害対策がうまく働くことが強く認識された。そこで災害対策基本法の修正で2014年に施行されたのが、市町村内の一定の地区の居住者および事業者（地区居住者等）が行う自発的な防災活動に関する地区防災計画である。この制度は、防災計画について市町村から地区居住者等に提案するだけではなく、地区居住者等から市町村防災会議に対して提案を行うことができるものである。

東日本大震災では被害の大きさから自治体間の職員派遣や物資の提供が広く行われ、社会福祉協議会やNPO・NGOなどによる民間のボランティアによる支援も多く取り組まれた。しかし、受け入れる自治体も被災して受け入れまでに時間を要したことから、日常から支援を受けるための準備が必要だと明らかになった。2012年には災害対策基本法40条（都道府県地域防災計画）42条（市町村地域防災計画）改正により、地域防災計画の中に受援計画・応援計画を位置づけることとなった。

▶ まとめ

本章の1節では、災害について理解を深めるために、平成期以降に国に非常災害対策本部が設置された災害を年表で示し、かつ昭和、大正、明治、および江戸時代の災害例を紹介することで、日本が災害と縁の深い国であることを示した。日本で生活している以上、常に災害に警戒しつつ、防災をしなければならない。もし災害が発生しない期間が長くなったとしても、それは災害が起こらないのではなく、小さな災害は起こっていたけれど、それを見落としていただけなのである。例えば、2019年の令和元年東日本台風で被災した栃木県佐野市では、新聞記事によると避難の始動が遅れたのだが、その原因を市の担当者は、佐野市は災害が少ない街というイメージが定着していたからと分析している（東京新聞2020年10月13日）。しかし、佐野市は大きな災害にはならなかったものの、2015年、2016年、2017年と市内全域で大雨になり、避難所が開設されて停電や床上浸水などの被害が生じている。おそらくこれらの現象は見落とされていたと思われる。

2節では、災害発生後だけでなく、災害発生前の日常生活から少しずつ積み上げることが重要な防災マネジメントの考え方を提案している。復旧および復興の段階に近づいても、災害が終わるわけではない。災害がどのようなもので何が教訓なのかを次世代に伝承し、それを次の災害の被害抑止と被害軽減につなげることが重要である。また情報マネジメントの重要性も取り上げた。災害時における大切な人との情報連絡手段をどのように準備するか、平常時から決めておかなければならない課題である。

3節では、災害のときに自助・共助・公助の公助をどのように実施するかを定

コラム1－1　2011年台風12号災害（紀伊半島大水害）

2011年には3月に東日本大震災が発生したが、9月にも紀伊半島南部の三重県、奈良県、和歌山県を中心に台風の豪雨による土砂災害および河川からの浸水による大きな被害が発生した。これが「2011年台風12号豪雨災害」で、被災地では「紀伊半島大水害」と呼ばれている。死者・行方不明者は上記3県で88名（消防庁最終報）に上った。

この台風では、大雨による浸水被害等により、被災市町村のウェブサーバーがダウンした。また道路被害が多数発生したため、被災した市町村では広報車（拡声器などで市の情報を広報する車両）による河川の状況や避難情報に関する広報ができなくなった。そこで和歌山県那智勝浦町では、SNSのTwitterアカウントを新規開設し、和歌山県新宮市では休眠していたアカウントを復活させて、被害情報および生活情報に関する広報を行った。また奈良県十津川村では、Twitterで広報する人員を確保することが難しかったことから、十津川村出身者が、十津川村から発信されたと考えられる情報の内容を吟味して、間違いがなさそうならばReTweetする（他人のTweetを自分のアカウントから再び発信すること）形で情報発信を行った。

このように、災害発生時には、平常時に使われている情報伝達手段とは異なる手段を使うこともある。災害時において、地方自治体の広報にTwitterをはじめとしたSNSが活用されるのは、現在では当然のことであるが、それにかかる業務量も多いため、上記の事例のように被災地外のボランティアを活用することも考えられる。

めた防災計画について紹介した。公助としては、法律、国の計画、都道府県、市区町村レベルの計画が防災および国土強靱化について策定されている。そして、自助・共助と公助が連携することによって大規模広域災害後の災害対策がうまく働くことが強く認識された上で、居住地域で検討する防災計画が地区防災計画である。

今後の防災を進めていくために、まずは、自分が経験した災害や記憶に残っている自然現象などについて、この章で学んだ考え方を通して振り返ってみよう。

参考文献

1）Advanced Life Support Group, MIMMS日本委員会訳（2013）『MIMMS 大事故災害への医療対応―現場活動における実践的アプローチ（第3版）』永井書店
2）牛山素行・横幕早季・杉村晃一（2016）「平成28年熊本地震による人的被害の特徴」『自然

災害科学』Vol.35, No.3
3）木戸崇之（2020）「「阪神淡路大震災取材映像アーカイブ」の取り組み――四半世紀を経てのアーカイブ公開　その目的と課題」『デジタルアーカイブ学会誌』Vol.4，No.2
4）國井修編（2012）『災害時の公衆衛生――私たちにできること』南山堂
5）鈴木比奈子・内山庄一郎・臼田裕一郎（2016）「災害事例データベースを活用した伊豆大島の過去の災害履歴――1684年～1997年の風水害、斜面災害事例」『防災科学技術研究所主要災害調査』第50号
6）目黒公郎・村尾修（2016）『地域と都市の防災』放送大学教育振興会
7）ヤコブソン，R.編，篠原稔和監訳，食野雅子訳（2004）『情報デザイン原論――「ものごと」を形にするテンプレート』東京電機大学出版局

▶ 課題に挑戦してみよう！

□ ① これまでにあなたが経験した災害の経験談と、そこから得られた教訓について考えてグループで話し合ってみましょう。災害を経験したことがない、あるいは考えられない場合は、これまでにあなたが大変な思いをした自然現象（大雨、大雪、地震、渇水など）の経験談と経験から得られた教訓を考えてみましょう。

□ ② 冬の夕方、晴れている日に、あなたは１人ででかけています。そこで震度７の地震が発生したときにとるべき対応について、本章２節（2）4）のCSCAをもとに考えてみましょう。

□ ③ 課題②の状況で、携帯電話やスマートフォンが使えません。大切な人と連絡をとりたいとき、どのような手段があるでしょうか。それぞれの手段の特徴を踏まえて考えてみましょう。

～柴田貴史さん（鹿沼市社会福祉協議会）に聞いてみよう～

災害を理解する

Q1 マイキーは阪神・淡路大震災をきっかけに、多くの災害現場で活動されてきたと聞いています。過去の活動で特に印象に残っている災害はなんですか？

1つは2008年の岩手・宮城内陸地震です。地震によって栗駒山（くりこま高原）周辺を中心に、大規模な斜面崩壊や土石流による家屋の倒壊や、道路の寸断により孤立した集落が発生したため、地域全体で避難しました。被災住民の多くは、山で林業、農業、観光業に従事していたため、災害と同時に仕事も失いました。自宅に向かうことも難しい日が続き、不安や疲労により少しずつ心身に影響が出てくる人もいました。

そこで、早い段階で避難所の近くの空き店舗を借りて、専門のスタッフが住み込みで被災者支援を行いました。毎日、寄せられる困りごとや悩みごとに被災住民と一緒に取り組み、少しずつ解消していきました。毎週1回、支援拠点で、住民とボランティアの食事会も企画しました。住民のみなさんから、紅葉がきれいだったこと、毎年たくさんの人が来てくれたこと、山に戻れないんじゃないかと不安なことなどをお聞きして、地元を愛する気持ちや普段通りの生活ができない歯痒さを強く感じ、ボランティアとしてすべきことを仲間たちと考える原動力になりました。

もう1つは、2011年1月に発生した宮崎県の新燃岳噴火です。道路や河川や田畑にも降灰があり、農作物が生育不良になるなど、被害も大きかったです。箒などを使って灰を集める作業をしましたが、マスクをしながらの作業は息苦しく、灰を入れた袋も重く、片づけても灰が降って振り出しに戻ります。雨が降ると灰がドロドロになり、車はスリップするわ、雨どいがつまるわで、疲労が増しました。

ここでは、噴火の前からつながりがあった地元グループの縁で、あるお寺を拠点に、たくさんの檀家さんたちと協働しながら活動できました。檀家さんが自宅周辺での困りごとを聞き取り、高圧洗浄機を使って屋根や雨どいの清掃や、避難施設での「足湯」などにボランティアが班分けされ、活動しました。

2ヵ月後に東日本大震災が発生し、報道も外からの支援も少なくなりましたが、地域で支えようと地元のNPO法人が、火山灰を干物づくりに活用した「灰干し」の商品化を目指し動き始めました。「灰干し」はその後も地域の活性化に寄与し、各地との交流も続いています。いずれも、どんなにつらい状況においても、支える人や受け止める人がいて、新しいアイデアが生まれる。まさにボランティアらしい動きでした。

東日本大震災では発災から3日目の被災者が全国で約47万人に上り、多くの人が突然、「日常生活」を失った。応急仮設住宅の建設が進んだ7ヵ月後でも、約2万2千人が避難所で生活を続けていた。岩手・宮城・福島の被災三県での応急仮設住宅の建設は、全体で約5万3千戸となった。これだけの人々の生活が一瞬にして大きな変更を余儀なくされるのが災害である。平成は災害の時代だったといわれるが、1章でもみたように、歴史を振り返れば日本はどの時代にも大きな災害に見舞われてきた。今後も、いつ大きな災害が起こってもおかしくないといわれる日本で生活する上で、発災からの避難の過程についてあらかじめ備えておくことは、普段の生活を安心して過ごしていくためにも必要なことである。

本章では、命を守る避難から復興へ向けた生活再建への道筋について整理する。まず避難を4つの段階に分け、それぞれの段階に応じた支援法制について整理する。またそれぞれの避難の段階に応じた、事前の備えとしての訓練についても理解する。さらに、避難について体験的にイメージするのに役立つゲームや訓練を紹介し、避難についての理解を深めていく。

2章
避難から復興へ

近藤　伸也・長谷川　万由美

1 ▶ 避難から生活再建へ

（1）発災から復興へ、強靭化への道筋

日本では1章1項に示しているように、地震災害、風水害だけではなく火山災害や雪害などの災害が発生している。また福島第一原子力発電所事故のような原子力災害も起きている。住民が自らの命を守り、生活を復興させていくための支援や準備は、国をあげて取り組まなければならない課題である。1章で確認したように、災害時には直後の緊急対応から生活に必要な機能の復旧を経て、より豊かな生活へと復興していくことが望ましい。復旧から復興への過程を通じて災害と向き合うことは、新たな災害に備えることでもある。その中で、防災・減災のまちづくり、災害が起こっても立ち直る力のあるまちづくり、すなわち災害に対する地域・国土の強靭化に取り組むことにもなる（3章参照）。このように、防災・減災から災害時の緊急対応、復旧、復興は連続しており、スパイラル上に進展させていく1つの連環と捉える必要がある。この章ではまず発災から復興までの道筋を扱い、次章で、復興からその後のプロセス、さらに災害に強いまちづくりや地域・国土の強靭化を扱う。

避難から生活再建、復興の段階は次のように大きく4つの段階に分けて考えられる（図2-1も参照）。

第一段階：命を守る（危険な場所から安全な場所への避難）

第二段階：身を寄せる（避難所等における避難生活）

第三段階：仮住まい（応急仮設住宅等における避難生活）

第四段階：新しい日常へ（自宅（新築等含む）への復帰）

以下では各段階について、関連する支援法制度を中心により詳しくみていく。

（2）第一段階 命を守る（危険な場所から安全な場所への避難）

1）警戒レベルと避難勧告・指示

避難から生活再建への第一段階は、命を守るための避難である。行政の役割としてまず重要なのは、住民に避難情報を適切に発信することである。2018年の

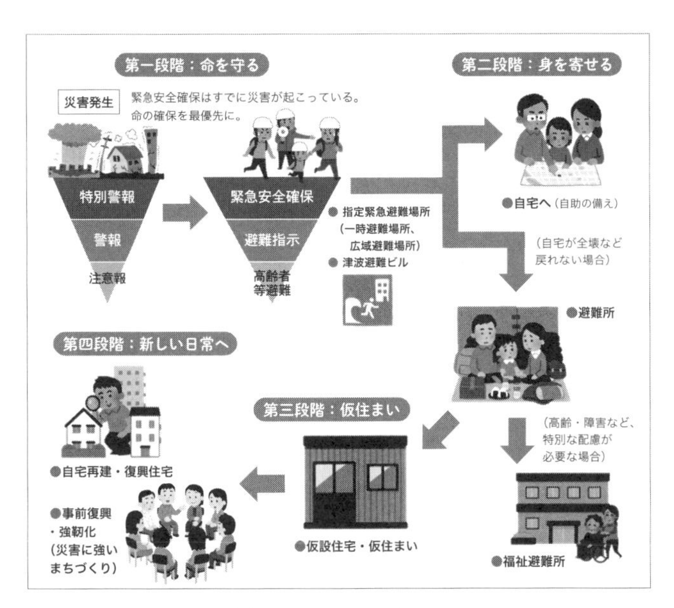

図２-１　災害から復興への道筋（筆者作成）

西日本豪雨災害では、倉敷市による避難指示が出されたのが堤防が決壊する数分前と遅かったことから被害が拡大した。自治体の避難指示の出し方がわかりにくいという反省から、災害の大きさや避難の緊急性がよりわかるように2019年3月に内閣府の避難勧告等に関するガイドラインが改定された。

改定後は警報が5段階に分けられた（表2-1）。気象庁からは避難に向けての注意を促す警戒レベル1および2の注意報および注意情報が、市町村からは高齢者等避難に時間を要する人に避難を呼びかける警戒レベル3、全員が安全な場所に避難すべき警戒レベル4および災害が発生していることを伝える警戒レベル5が発令されることになった。レベル5ではすでに災害が発生しているので、避難するとかえって危険な場合もある。自宅など安全を確保できる場所に留まる「待避」や、屋内の2階以上の安全な高さに移動する「垂直避難」など、命を守るための最善の方法をとることが必要となる。さらに確実な避難を呼びかけるため、2021年には災害対策基本法が改正され、避難勧告が廃止されて避難指示に一本化された。今後は新しい避難情報に関するガイドラインに基づき、警戒レベル4

表2-1　5段階の警戒レベルと防災気象情報

警戒レベル	住民がとるべき行動	避難情報(市町村発令)	気象情報(気象庁発表)
レベル5 危険度分布「警戒」(黒)	命の危険　直ちに安全確保	緊急安全確保	大雨特別警報 氾濫発生情報
レベル4 危険度分布「警戒」(紫)	危険な場所から全員避難	避難指示 (避難勧告は廃止)	土砂災害警戒情報 氾濫危険情報 高潮特別警報／高潮警報
レベル3 危険度分布「警戒」(赤)	危険な場所から高齢者等は避難	高齢者等避難	雨警報(土砂災害) 洪水警報／氾濫警戒情報 高潮注意報
レベル2 危険度分布「警戒」(黄)	自らの避難行動の確認		氾濫注意情報／大雨注意報 洪水注意報／高潮注意報
レベル1	災害への心構えを高める		早期注意情報

(出典：気象庁「防災気象情報と警戒レベルとの対応について」より筆者作成
https://www.jma.go.jp/jma/kishou/know/bosai/alertlevel.html)

で自治体が避難指示を発令する。ハザードマップの確認や、避難までの手順(マイタイムライン)を作成するなど日頃から避難情報に対応できるよう備えたい。

大きな危機に遭遇すると、こんなことは起こるはずがないと思う「正常性バイアス」や、周りが騒いでいないから大丈夫だと思う「多数派同調バイアス」などの心理的な認知の歪みが生じ、危険が迫っているのにそこから避難できなくなってしまうこともある。このような心理状態も理解した上で、身の安全を守るために、まずは1人ひとりが危険を自分で判断し、率先して最善の避難行動をとる必要があることを心に刻んでおいてほしい。

2）指定緊急避難場所と指定避難所

避難場所と避難所は言葉が似ているため混同されやすく、避難時に混乱をもたらすことがあった。そのため2013年6月に災害対策基本法第49条の改正により、切迫した災害の危険から逃れるための指定緊急避難場所と、一定期間滞在し、避難者の生活環境を確保するための指定避難所が明確に区別され、それぞれ市町村長が指定することになった。

指定緊急避難場所の呼び方は一時避難場所、一次避難所など自治体により異なっていることがある。具体的な場所は、洪水、津波、地震など災害の種類ごとに指定されており、例えば津波の危険がある地域では高台に避難するのが困難な場合に、一時的に避難できるよう建てられた津波避難ビルが緊急避難場所となることもある。また、地震などによる火災が延焼するなど一時（一次）避難所が危険なときに避難する場所として広域避難場所を指定する。発災状況により帰宅困難者が多く出ることが予想される地域では、帰宅困難者のための避難場所をあらかじめ準備している自治体もある。指定緊急避難場所は国土交通省国土地理院のインターネットサイト（指定緊急避難場所データ）で確認できるので、事前に自宅や学校、職場の近くの指定状況を確認しておきたい。

（3）第二段階 身を寄せる（避難所等における避難生活）

1）避難所での生活

緊急の危険が去ってもまだ災害による危険性があるときや、自宅が崩壊するなどして戻れない場合に避難するのが避難所である。避難所は比較的短期間の避難生活を送ることが想定されており、市町村は公立学校など、適切な場所を指定避難所として指定しておくことができる（災害対策基本法 49 条－ 7）。

避難所のイメージとしてまず多くの人が抱くのは、学校の体育館ではないだろうか。国立教育防災研究所の調査によれば、実際に公立学校の 9 割以上が避難所として指定されている。地域の防災拠点としての公立学校の役割は大きい。避難した場所を後から指定避難所として指定することもできるが、あらかじめ指定しておくことで、飲食料品や毛布などの備蓄や、運営の準備をすることができる(5 章参照)。

また、自治体は高齢者、障害者、妊産婦、乳幼児、病弱者等避難所において何らかの特別な配慮を必要とする人を対象とした福祉避難所を確保・運営することになっている。福祉避難所の運営については 2016 年に「福祉避難所の確保・運営ガイドライン」が策定されている。また、避難の長期化が見込まれる場合や要配慮者を対象に旅館やホテルを借り上げて避難所とすることも可能である（災害救助基準による）（詳しくは 6 章）。

災害救助法（後述）による避難所の設置は発災から 7 日以内までとされているが、行政の裁量により延長することができ、近年の災害を振り返っても避難所の開設期間が数ヵ月にわたることも少なくない。東日本大震災では避難所のほとんどが震災後7ヵ月後には閉鎖されていたが、福島県から避難者を受け入れた埼玉県加須市の避難所は閉所までに2年6ヵ月を要した。

また近年の大きな災害では、避難所や応急仮設住宅に入らず被災した住居に住み続ける「在宅避難者」や、車の中で避難生活を送る「車中避難者」の問題がクローズアップされてきている。これら従来の法制度では支援の手が届きにくい被災者の存在にも配慮が必要である。

2）避難所の運営

避難所の運営は、基本的には避難してきた地域の住民が、避難所を指定する行政の職員、避難所として使用する施設の管理者と協力しながら、自主的に運営することになっている。あらかじめ受け入れや運営のルールを決め、物資、炊き出し、救護、情報、衛生、総務など、必要になる仕事に応じて班を編成して運営ができるような準備が必要である。そのためには、普段から町内会・自治会などの地縁組織が中心となって自主防災組織を作り、様々な訓練などを通して、被災時に備えることが不可欠である（図2-2，5章参照）。

2013年には、市町村が避難所における良好な生活環境の確保に努めるように災害対策基本法が改正され、取組指針も策定された。また2016年には、指針の内容を具体的に示す『避難所運営ガイドライン』が公表されている。

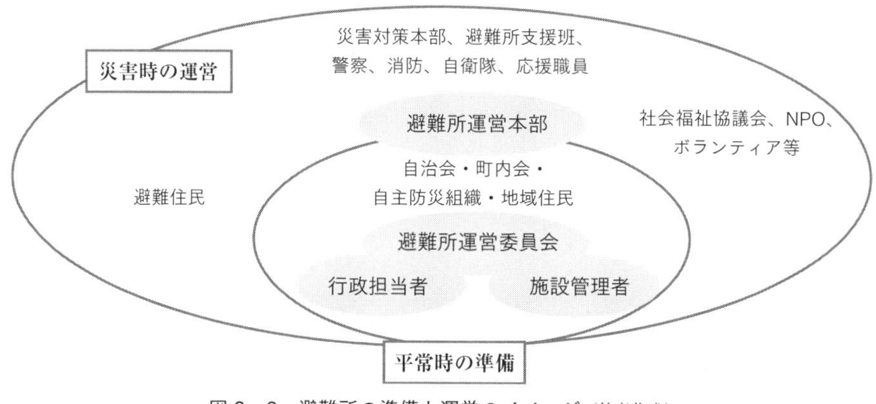

図2-2　避難所の準備と運営のイメージ（筆者作成）

コラム２－１　避難所の感染症対策

災害時には、被災のストレスからくる心身の不調や抵抗力の低下、断水で手洗いができないといった衛生状況の悪化などから、普段は健康な人でも病気にかかりやすくなる。特に避難所では生活環境が良くない中で避難者が密集して生活することになるため、ノロウイルス等による感染性胃腸炎やインフルエンザ、新型コロナウイルス感染症などの感染拡大のリスクが高くなる。こうした感染症拡大防止のためには、避難所の衛生状態を清潔に保つだけでなく、十分な換気やスペースの確保といった従来からの感染対策に加え、避難所での密集を避けるための仕切りや段ボールベッドを準備する、避難所の数を増やすなどが求められる。しかし、感染を怖れて避難せずに命を危険にさらすのは本末転倒である。マスク・体温計・消毒液を非常持ち出し品として準備する、親戚や知人宅への避難を検討するなどの対応をあらかじめ行っておくことが望ましい。

（４）第三段階 仮住まい（応急仮設住宅等における避難生活）

１）応急仮設住宅

避難所での生活を経てもなお自宅に戻れない場合には、親族の家などに身を寄せて避難生活を送ることもあるが、応急仮設住宅（以下、仮設住宅とする）に移っての中長期の避難生活を送ることになる人も多い。仮設住宅には、緊急に建設する建設型応急住宅と、民間の賃貸住宅を自治体が借り上げて被災者に提供する借上型応急住宅の二種類がある。仮設住宅といった場合、一般的には建設型応急住宅のことを指す。災害救助基準（内閣府告示「災害救助法による救助の程度、方法及び期間並びに実費弁償の基準」）によると、仮設住宅に入居できるのは原則として「住家が全壊、全焼又は流出した者であって、自らの資力では住宅を得ることができない者」となっている。仮設住宅は災害救助法により建設され、利用期間は建築基準法により建築完了より最長２年となっている。しかし、その期間内に転居できない場合も多いため、特例措置で１年ごとに利用期間を延長することができる。阪神・淡路大震災では最後の入居者が退去するまで５年かかり、東日本大震災では 10 年経った 2021 年３月末でも仮設住宅やみなし仮設の供与が継続され、仮設住宅は解消されていない。

仮設住宅の広さの基準は一戸当たり約 30m^2 で、間取りは 2K（2 部屋 + 台所 +

風呂・トイレ）が標準的な仕様となっている（応急仮設住宅建設必携 中間とりまとめ）。50 世帯以上が集まっている仮設住宅団地には、集会所が 1 ヵ所設置されることになっている。仮設住宅への入居の順番や入居場所は、緊急性や地域性などを考慮して決めていくことが望ましいが、そのとおりにならない場合も多い。

一方、自治体が、公営住宅や借り上げた民有住宅などを応急住宅として提供するのが賃貸型応急住宅、いわゆるみなし仮設である。東日本大震災では、主として福島第一原子力発電所事故からの避難者に対し、東京都では 2019 年度末まで公営住宅をみなし仮設として提供した。みなし仮設は建設のコストがかからず、住居としての質も比較的高いものが確保できるが、入居先が広い範囲に点在しがちなため、生活実態の把握が困難だったり、支援が行き届かなかったりといった問題が生じやすい。

2）生活再建への経済的支援

災害前の住居に戻ることが難しい被災者が仮設住宅等での生活を送るようになると、その後の生活再建のための支援がさらに本格的に行われるようになる。この時期に主として経済的な支援を行うための法律が、被災者生活再建支援法や災害弔慰金法である。

被災者生活再建支援法は、1995 年の阪神・淡路大震災で、支援制度が不十分だったために被災者の生活再建に支障が生じたことへの反省から、1998 年に制定された。当初は、住宅など個人の財産の再建に税金が使われることへの違和感などから、利用に際しては収入制限などが設けられていたが、現在は住宅の罹災程度に応じて一律の給付金が受けられる制度となっている。相互扶助の観点から都道府県が拠出した基金を財源とするが、給付に対し 2 分の 1 の国庫補助が行われている。また、災害弔慰金法では災害により亡くなられた方の遺族への災害弔慰金の支給、被災が原因で障害が残った方への災害障害見舞金の支給、災害援護資金の貸し付けなどが行われる。

もちろん、被災者の支援は被災者生活再建支援法や災害弔慰金法など被災者だけを対象とした法制度だけで対応しきれるものではない。例えば、経済的困窮については生活保護法、単親世帯に対しては母子及び父子並びに寡婦福祉法、親を亡くしたり、親による養育が難しい場合には児童福祉法など、より広く既存の社会保障制度等で利用できる法制度がないか検討することも必要となる。

このような一人ひとり異なる支援を行うために、支援策を様々に組み合わせて計画を立て、連携して支援していくための災害ケースマネジメントといった観点が今後必要となってくるだろう（津久井 2020）。

（5）第四段階 新しい日常へ（自宅（新築等含む）への復帰）

被災した自宅を補修するのか、同じ場所で新しく家を建てるのか、または引っ越すのか。いずれにしても自分の家といえるところに居を構えて、再び自宅での落ち着いた生活が送れるようになることが避難の最後の段階となる。

経済力や家族がいるかどうかなどによって、第二段階（命を守る）からの進み方は大きく違ってくる。経済的に余裕がなければなかなか自宅再建できないこともある。一方で、経済的に余裕があれば、被災地の復興を待たずに、新たに土地を求めて新しく家を建てるという選択をすることも可能である。

東日本大震災では津波被害や原発事故の影響で、被災時の居所が建築基準法第39条による災害危険区域として指定されたために戻れず、住み慣れた地域を離れて住居を再建するケースが少なくなかった。災害危険区域の指定は自治体が条例により行い、指定区域では住居用の建物が建てられなくなる。そこで、被災した場所をかさ上げして造成した土地や内陸部に新たな宅地を割り当てる区画整理事業により、地域ごとの集団移転が促進された。集団移転を促進するための法律（集団移転促進事業に係る国の財政上の特別措置等に関する法律）は、1972年に施行されたものだが、東日本大震災では同法が適用となるための移転戸数の最低基準が10戸から5戸に緩和され、事業費用の助成拡充などにより集団移転がさらに促進された。

集団移転の用地取得のため、2020年3月までに27市町村324地区でのべ8,389戸分の宅地造成が行われた。しかし、2019年に国土交通省が調査したところ、造成済みの674.8ヘクタールのうち、237.9ヘクタールが未利用だった。未利用の割合は岩手県陸前高田市が55%と最多で、次いで宮城県気仙沼市が51%、福島県いわき市が49%だった。宅地造成に時間がかかり、別の場所での再建を選んだ人も多いと考えられる。

宮城県山元町では、震災以前から人口減少と高齢化が急速に進むことが予測されていたが、震災をきっかけにますますこの傾向が進むことが懸念された。そのため、町の機能を集約させていくコンパクトシティ構想を復興計画の中核に据え、沿岸で被災した常磐線の２駅を内陸に移動させた新駅を中心として、新しく市街地を形成する都市計画を立てた。南北に走る県道を高盛土（たかもりど）構造にして二線堤（にせんてい）機能を持たせ、県道より沿岸部は災害危険区域に指定して、建築制限により居住を制限し、防災集団移転促進事業により県道より沿岸部の集落を内陸に集約させた。新駅を中心に新しいにぎわいが見られる一方で、被災した地域で自宅の再建を目指していた人が復興から取り残されるという批判も起こった。

2 ▶ 避難のマネジメント

災害に備えるためには、災害や被災後の生活についてあらかじめ想定しておくことも必要である。本などで知識を得ていくことも必要だが、自分の問題として身につけていくためには、ゲームや訓練を通して災害や避難のイメージをつかみ、どのように対応していくのかをシミュレーションしていくことが有効である。ここでは、被災や避難についてイメージするための様々なゲームや訓練について考えていく。

（1）目黒巻（被災のシミュレーション）

目黒巻（めぐろまき）とは、東京大学教授の目黒公郎氏が発案した被災のシミュレーションツールである。「災害が発生した後、自分がどのような状況に置かれ、何を思いどう動くか」を意識しながら、自分を主人公とした物語を時間軸に沿って記入していくことにより、災害時の状況を自分自身の問題としてイメージすることができる。

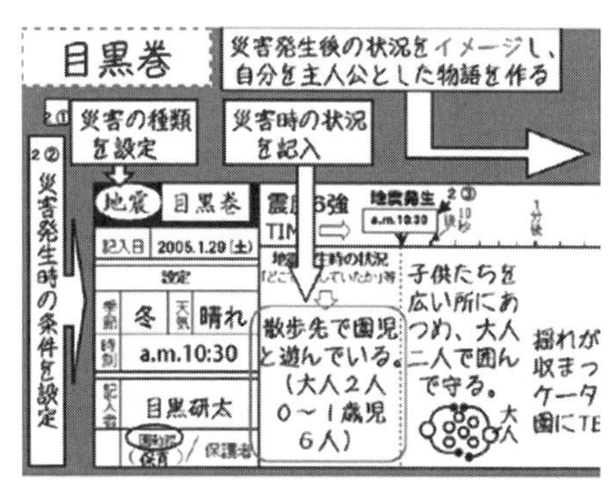

図２-３　目黒巻の記入イメージ
（出典：阿部・目黒 2005）

人は、具体的にイメージできないことに対して適切な準備や心構えを持つことはできない。目黒巻は、時間・場所・災害の種類などの設定を変えることで、様々なケースを想定して、災害発生後の自分や家族の状況や行動を具体的にイメージすることができ、その中から、必要な行動や準備、問題点や対策を考えていくことができる（図2-3）。また、グループで行い、他のメンバーの目黒巻と比較することで、記入した内容やその背景にある考え方などを共有し、より具体的な対策へと結びつけることもできる。具体的な進め方の例としては、保育所の防災対策を進めるための目黒巻ワークショップが挙げられる（阿部・目黒 2005）。

（2）クロスロード（災害時の判断シミュレーション）

クロスロードは、カードを使ったゲーム形式をとおして災害時に判断が必要な様々な状況をシミュレーションするための教材である。目黒巻とは、災害対応を自らの問題として考え、また、様々な意見や価値観を参加者同士共有することでは同じである。しかし、目黒巻が災害発生後に必要な行動や問題点、対策を時系列に考えることを共有する題材としている一方で、クロスロードは、ある災害や復興に関する様々な事例に対する自分の考えを題材としている。

災害対応においては、必ずしも正解があるとは限らず、また、過去の事例が正解でないこともある。ゲームを通じ、それぞれの災害対応の場面で、誰もが誠実に考え対応すること、また、そのためには災害が起こる前から考えておくことが大切であることに気づくことが重要である。大地震の被害軽減を目的に文部科学省が進める「大都市大震災軽減化特別プロジェクト」の一環として開発された。カードには「人数分用意できない緊急食料をそれでも配るか」、「学校教育の早期再開を犠牲にしても学校用地に仮設住宅を建てるか」というような災害や復興に関する様々な事例が書かれており、ゲームの参加者は、それに対してYESかNOのカードを提示することで自分の考えを表明できる。このゲームをとおして得られるのは災害や過去の事例についての知識だけではない。災害が起こる前にこのようなゲームを通して、多様な考え方に気づくこと、それぞれが真摯に考えて対応することの重要性に気づくことができるのもこのゲームの特徴である。

阪神・淡路大震災で震災対応にあたった神戸市職員の聞き取りからカードの事例を作成した「神戸・市民編」をはじめとして、「市民編」、「災害ボランティア編」があり、京都大学生協で販売されている。

コラム２−２　災害への自助の備え

災害への備えは「自助・共助・公助」（４章１節参照）に分けて考えることができる。その中で、まず自分でできることは、「最低３日間、できれば１週間は自力で生きのびる」という自助の備えである。災害が起きると、ライフライン（電気・ガス・水道・交通網・情報網など）が止まったり、工場生産や物流が止まりものが手に入りにくくなったりすることがある。物流が復活し、外からの支援が入るまでに３日から１週間程度はかかるとされているため、それまでは自力で生きていけるように備えておくことが望ましい。

何をどう備えておくかは、個人の状況や店舗が近くにあるかどうかなどにより異なるところもあるが、水や食料や衛生用品などは誰もが必要だろう。１週間分備えると思うと大変そうだが、普段の買い物を少し多めにして、普通に生活する中で消費した分を買い足していき、常に一定の量のものが家庭にあるようにする「ローリングストック法」であれば、少しの工夫で続けられるし、地域や職場でも広めやすいのではないだろうか。普段の生活の中で無理なく備えていくことを心がけよう。

（３）防災訓練

地域住民に限らずNPOや行政のリーダーは、地域住民および組織の防災に関する能力を向上させるために防災訓練を企画運営する。そもそも防災訓練とは、防災に関連する①知識の応用技能、②技能、③態度の習得、および④成果物を獲得できる訓練のことを指す。

①知識の応用技能とは、単に法律やマニュアルなどを覚えるだけではなく、現場の状況に応じて使うことができることを示す。例えば避難所運営マニュアルは知識として覚えるだけではなく、避難者の状況に応じて住民が避難する場所を変えるなど、マニュアルの知識を応用することを意味する。②技能は身体を使った技術であり、消火器で火を消したり、段ボールベッドを組み立てたりすることである。③態度は自分の行動を方向づける気持ちであり、例えば、避難者が避難所運営に参加したい気持ちで参加することが挙げられる。④成果物は、例えば地域の防災マップや避難所運営マニュアルなど、何らかの活動を行って得られるものである。

コラム２−３　抜き打ち型防災訓練

学校における防災教育の目的の１つは、児童・生徒が自分で身の安全を守ることができるようになることではないだろうか。そう考えると、防災教育と防災訓練は切り離せない関係にある。学校で行われている防災訓練の多くは、例えば地震災害であれば地震発生の放送とともに教員の指示で机の下にもぐり、安全を確認した後に教員の誘導で校庭に集合するといったものである。これでは、すべて教員の指示に従うだけで、防災教育で培った内容を児童・生徒が主体的に活かせる場になっているとはいえない。

そこで秦ら（2015）が提案しているのが、抜き打ち型防災訓練である。これは訓練対象者に日時をはじめとした訓練の概要を知らせずに、訓練を始めるものである。これにより災害時の自助・共助意識が向上するなどの効果がみられた。しかし、抜き打ち型防災訓練は、通常の訓練と比較して訓練企画運営者および参加者の負担が大きいため、いかに負担を減らすかが今後の課題となっている。

毎年９月になると都道府県、市町村で大がかりな防災訓練が行われている。これは「防災の日（9月1日)」、および「防災週間」に伴う訓練である。「防災の日」は、1923年９月１日に発生した大正関東地震、いわゆる関東大震災にちなみ、災害についての認識を深め、災害に対する備えを充実強化するために設けられたものである。「防災週間」は防災の日を含む１週間が制定されており、防災知識の普及のための講演会、展示会等の開催、防災訓練の実施、防災功労者の表彰等の行事の実施が定められている。また11月５日は1854年に発生した安政南海地震にちなんだ「津波防災の日」として、津波対策にかかわる防災訓練の実施が決められている。

2019年度の政府総合防災訓練では、全閣僚が参加する政府本部運営訓練、首都直下地震を想定した九都県市合同防災訓練と連携した被災地への現地調査訓練、緊急地震速報を見聞きした後の行動訓練、および地域住民を対象とした地震・津波防災訓練が実施された。

（4）図上訓練（被災のシミュレーション）

1995年の阪神・淡路大震災以降、防災への意識が高まるごとに様々な防災訓練や演習の技法が広まっていった。軍隊の作戦演習に関する有力な方法として、昔から行われてきたが、災害対応の訓練の一環としては1977年より実施されている図上（ずじょう）訓練もその1つである。この訓練は、①地域に関する情報をもとに、②地図を使って地域の状況を整理し、③地域としての今後の方針を決定するものである。対象地域は、例えば政府の災害対策本部運営図上訓練では日本全体となり、避難所運営図上訓練では避難所周辺となる。

①の地域に関する情報は、被災地の被害の全体像をまとめたものを細かく分割したものである。②は地図を使うために情報の空間的な整理だけが着目されがちであるが、時系列に整理したタイムラインや、表・グラフでの整理、情報のタグづけも重要である。③は与えられた情報に対する対応が決まればよい場合もあれば、②をもとに被害の全体像を踏まえて対応方針を決定する場合もある。①〜③は紙媒体も電子媒体も使われている。図上訓練は災害発生後の対応をシミュレーションする技法の1つであり、訓練のねらいに応じてやり方も工夫されている。

災害図上訓練DIG（ディグ）（Disaster Imagination Game）は、地域の住民が大きな地図を囲んで行うもので、災害が発生した状況をイメージして、災害を知り、地域を知り、そこに住む人々について知ることをねらいとした訓練である。まずは大きな地図を見ながら、現在と昔の斜面や坂などの地形や標高などの自然条件を比較・確認して、土砂災害や河川の氾濫、津波などの被害が及ぶ範囲を推定するための前提を知る。次いで、鉄道や道路、河川などのまちの構造を地図に記入して確認する。そして、官公署や医療機関など災害対応にかかわる機関、および地域にある井戸や公民館、農家などにある自家発電機など災害時に地域で役立ちそうな施設・設備を記入する。合わせて、地域で転倒や落下が想定される場所、災害時の要支援者、およびそれらに対応できる地域の機関、組織、専門職など地域で役立つ人材の位置およびそれらに対応できる学校、体育館、公民館など社会教育施設の複合施設などの拠点を記入する。最後に、災害時の地域の特徴についてワークショップで意見を整理し、今後の防災の方針をとりまとめる。この訓練は、軽食や飲物などとともに、リラックスした状況で行えると効果が上がるといわれている（「DIGってなあに」静岡県地震防災センター）。

（5）避難所運営訓練

避難や避難所運営、そしてその後のまちづくりについてあらかじめ想像しておくことは、個人や地域のレジリエンスを高めるためにも重要である。レジリエンスとは6章にあるように、個人や地域が災害から立ち直っていく力のことである。レジリエンスを高めるため、住民が主体的に取り組めるように様々なトレーニングが行われている。ゲームを通した訓練として広く行われているものにHUG（ハグ）（Hinanjo Unei Game 避難所運営ゲーム）がある。避難者やイベントに見立てたカードを用いて、避難所の体育館、校庭、教室への適切な配置や、避難所で起こる様々な出来事への対応を模擬体験するゲームである（図2－4）。避難所運営を考えるための1つのアプローチとして、静岡県危機管理部危機情報課が開発した。

図2－4　HUGの実践

カードには、避難者の年齢や性別、国籍やそれぞれが抱える事情が書かれた避難者カードと、取材や視察の申し込み、物資の到着など避難所で起こる様々な出来事が書かれているイベントカードがある。避難所カードは1世帯で1セットになっており、ある3人家族の場合は世帯主の父には心臓病があり、世帯主の妻はうつ病となっている。イベントカードの例としては夜に炊き出し用の鍋、釜、食器などが到着するので、炊き出し場を決めておくなどがある。

1グループ7人以下で行う。そのうち1人が読み上げ係となり、災害時の臨場感を演出するために、スピード感を持って読み上げていくのがポイントである。

▶ まとめ

本章ではまず1節で、災害の発生から避難、そして生活の再建の過程を見てきた。避難から生活再建への過程で被災した人々を支える様々な法制度があることがわかった。また2節では、疑似的な訓練や体験により災害に備える様々な方法やツールをみてきた。避難所や仮設住宅の存在は、災害発生時の報道などでみなさんも目にしたことがあると思うが、本章を読んで自分にも起こり得る問題として捉えることができたのではないだろうか。

もしかすると、みなさんの中には実際に避難所や仮設住宅で過ごしたことがあるという人もいるかもしれない。避難しないまでもライフラインが止まって不安な生活を送ったことがある人もいるかもしれない。これらはみな次の災害へ向かう糧となる貴重な経験である。過去を振り返ると、そのような1人ひとりの貴重な経験を踏まえて、どうしたらもっと早く、もっと適切に被災者を助け、支えることができるのかを追求して新しい法律やガイドラインが作られ、さらに改訂が重ねられてきている。これらの法律やガイドラインの内容は、読むだけでは簡単に身につかない。ぜひ2節で紹介したゲームや避難訓練などに参加し、その中で互いの経験を語り合い、災害への備えとしてほしい。

参考文献

1) 阿部真理子・目黒公郎（2005）「保育園等の防災力向上に貢献する防災ワークショップ（目黒巻 WS）の提案」『生産研究』57巻6号, pp.538-542
2) 片田敏孝（2012）『人が死なない防災』集英社新書
3) 瀧本浩一（2019）『地域防災とまちづくり――みんなをその気にさせる災害図上訓練（第5版）』イマジン出版
4) 津久井進（2020）『災害ケースマネジメント◎ガイドブック』合同出版
5) 内閣府「防災情報のページ」〈災害史・事例集〉（http://www.bousai.go.jp/kyoiku/kyokun/index.html）
6) 秦康範・酒井厚・一瀬英史・石田浩一（2015）「児童生徒に対する実践的防災訓練の効果測定――緊急地震速報を活用した抜き打ち型訓練による検討」『地域安全学会論文集』Vol.26, pp.45-52
7) 矢守克也・吉川肇子・網代剛（2005）『防災ゲームで学ぶリスク・コミュニケーション――クロスロードへの招待』ナカニシヤ出版

▶ 課題に挑戦してみよう！

□ ① 2020年4月、日本でコロナウイルス感染拡大防止のために緊急事態宣言が発令され、人々の生活は大きく制限されました。このような事態を災害と考えることができると思いますか？　あなたの考えとその理由を述べてください。また、災害と考えたときに、現在の法制度をどのように活用することが可能か考えてみましょう。

□ ② 災害救助法に挙げられている「平等」「必要即応」「現物給付」「現在地給付」「職

権救助」といった原則はどのようなことでしょうか。実際の災害救助の場面を取り上げて考えてみましょう。

□ ③ あなたが過去に参加したことのある防災訓練について説明してください。また、同じ時間しか訓練に使えないという前提で、より効果的な訓練にするための改善案を提案してください。

マイキーズ・アイ! ～柴田貴史さん（鹿沼市社会福祉協議会）に聞いてみよう～

避難から復興へ

Q1 避難所では何もやることがなくて心身の不調を訴える人も多いと聞きました。特に心の張り合いを保つために、どんな取り組みがありましたか？

避難生活でも個人が尊厳を保って生活するためには、その人なりの役割や目的を持つことが大事じゃないかと思います。その1つとして、みんなで集まって楽しく話をしながら手仕事などを行い、その商品を販売するという試みがあります。収入としては少ないかもしれませんが、お金以上に、ともに作り出す喜びや買ってくれる人とのつながりを感じるかけがえのない機会になります。東日本大震災ではこのような試みが多く生まれましたが、その起源は1997年の阪神・淡路大震災のときに「生きがい協働事業」として、神戸で生まれた「まけないぞう」だといわれています。「まけないぞう」は、全国より集められたタオルを被災者が「ゾウの形」をした壁掛けタオルに変身させて販売するものです。定価400円のうち100円が製作した被災者の収入になります。「まけないぞう」を購入することで、被災者の生きがいづくり、仕事づくり、コミュニティ支援につながります。このような見える形での人とのかかわりが、被災者の心の支えになっていくのだと思います。

（とちぎボランティアネットワーク提供）

（参考）被災地NGO協働センター「まけないぞう」 http://ngo-kyodo.org/makenaizouinfo/

Q2 災害時には避難所に注目が集まりがちですが、被災した家でそのまま暮らしている人も多く、「在宅避難者」と呼ぶと聞きました。そういう人に対してどんな支援が効果的でしょうか？

被災した家に住み続ける人もたくさんいます。在宅被災者・自宅避難者とも呼ばれます。支援する側にとって避難所にいる人の声は聞き取りやすいですが、家にいる人の声は、こちらから出かけていかないとなかなか聞こえてきません。

また、在宅避難者の中には、自分で避難所に行かないと判断した人だけではなく、「避難所の場所を知らない」「こわくて1人じゃ避難できない」「家族の事情により避難所に行けない」など、本当は行きたいのに様々な理由により仕方なく在宅避難という形を選択せざるを得なくなった人もいるため、それぞれの事情への配慮も忘れてはなりません。

2015年の関東・東北豪雨災害のときには、「鹿沼お話聞き隊」として、地元の大学生とともに被害が大きな家を一軒一軒回るという活動をしました。若者が来てくれたと、地元の人たちはとても喜んでくれました。そのときに携えていったのが「うるうるパック」です。うるうるパックの中には、タオルや掃除用具など被災者にすぐに役立つ様々な物資が、相談受付の案内などとともに入っています。うるうるパックは、2004年の新潟中越地震の際、今後の支援を考えるために経団連（一般社団法人日本経済団体連合会）、日本NPOセンター、全国社会福祉協議会、中央共同募金会などによって始まった災害ボランティアプロジェクト会議（支援P）が、被災地の要請に基づき手配するものです。これらの物資は、経団連の社会貢献活動を担っている「1%クラブ」が準備しています。経済界・NPO・災害ボランティアの協働による被災地支援として、災害が起こるとどこかでうるうるパックが活用されています。

（参考）経団連1%クラブ　http://www.keidanren.or.jp/1p-club/
災害ボランティアプロジェクト会議（支援P）　https://shienp.net/

災害に備えるには、災害を未然に防ぐ防災だけでなく、災害の被害を最小限に抑えるための備えとしての減災も必要である。日常での防災・減災から災害時の緊急対応、そして生活に必要な機能の復旧を経て、より豊かな生活へと復興していく。このように、復旧、復興は連続しており、らせん上に進展させていく1つのつながりと捉える必要がある。2章では発災から復興までの道筋を扱ったが、本章ではこのつながりのうち、特に復興に関する取り組みに焦点をあてる。

1章で確認したように、近年、大規模な災害が多発している。中でも2011年の東日本大震災が日本社会に与えた影響は大きく、既存の法制度では対応できない部分も大きかった。より迅速な復興を促進し、法制度の不備を補うため、復興に関する多くの法制度が作られた。一方で、災害が起きてから対応するのでは遅すぎるという教訓から、将来の大規模災害に備えた大規模災害復興法や、災害に遭っても復興できるための備えとして国土強靭化基本法も生み出された。今、日本は事前復興を視野に入れた強靭性（レジリエンス、回復する力）をもった災害に強い国へと大きく変わらなければならないときを迎えている。本章では、まず1節で復興や強靭化に関する法制度や考え方を把握した上で、2節で現在取り組まれているハード・ソフト両面での対策の進展についてもみていこう。

3章
復興から強靭化へ

長谷川 万由美・近藤 伸也

1 ▶ 被災から復興へ

（1）復興とは何か

災害が起こると、「災害からの復興を目指して」「1日も早い復興を」などという言葉をよく聞く。しかし、そもそも復興とは何であろうか。豪雨災害で鉄道が寸断されたりすると夜を徹しての復旧作業が行われたりするが、復旧と復興は同じだろうか。日本の災害対策の基本法である災害対策基本法（1章参照）でもその基本理念として、「災害が発生したときは、速やかに、施設の復旧及び被災者の援護を図り、災害からの復興を図ること」（2条−2）と災害からの復旧、復興について明記されているが、では災害からの復興とは何だろうか。

この疑問に答えるため、辞書でその意味を調べてみる。『大辞林（第三版）』（三省堂）によると、復旧とは「前の状態に戻すこと」、復興とは「一度衰えたものが再び盛んになること」とある。「災害からの復興を」という場合、ただ単に前の状態に戻すのではなく、前の状態よりさらに勢いがある状態、より良い状態になることを目指すと考えられる。

内閣府の『復旧・復興ハンドブック』では、復旧は被害拡大防止のための「応急工事」、被災前と同じ機能に戻して使えるようにする「原形復旧」、前より改良して使えるようにする「改良復旧」を含むとしている。また復興に関しては、被災前の状況と比較して、安全性・生活環境の向上や産業の高度化、地域振興など質的な向上を目指すものとしている。

このように、復興は被災してから日常生活を取り戻す過程において、従前よりも質的により良い状態に高めることを目的として行われるといえるだろう。2015年に仙台で開かれた第3回国連防災会議で採択された仙台防災枠組では、災害発生前からあった課題も解決できるような復興をより良い復興（ビルド・バック・ベター）という言葉で表している（7章参照）。

（2）東日本大震災以降の復興関連法制

東日本大震災の被害の大きさを受け、復興に関連した様々な法制度が整備され

表3-1　東日本大震災に対応して制定された復興に関する主な法律（<>内は通称）

東日本大震災復興基本法（平成23年法律第76号）
株式会社東日本大震災事業者再生支援機構法（平成23年法律第113号）
東日本大震災からの復興のための施策を実施するために必要な財源の確保に関する特別措置法（平成23年法律第117号）<復興財源確保法>
東日本大震災復興特別区域法（平成23年法律第122号）<復興特区法>
津波防災地域づくりに関する法律（平成23年法律第123号）
復興庁設置法（平成23年法律第125号）
福島復興再生特別措置法（平成24年法律第25号）
東京電力原子力事故により被災した子どもをはじめとする住民等の生活を守り支えるための被災者の生活支援等に関する施策の推進に関する法律（平成24年法律第48号）<原発事故子ども・被災者支援法>
大規模災害からの復興に関する法律（平成25年法律第55号）・〈大規模災害復興法〉

（筆者作成）

ることとなった（表3-1）。最も基本的な法律は2011年6月に施行された東日本大震災復興基本法で、東日本大震災からの復興の基本理念、復興資金の確保、東日本大震災復興対策本部の設置及び復興庁の設置に関する基本方針を定めている。同法は復興の基本理念（2条）として「被害を受けた施設を原形に復旧すること等の単なる災害復旧にとどまらない活力ある日本の再生を視野に入れた抜本的な対策及び一人一人の人間が災害を乗り越えて豊かな人生を送ることができるようにすることを旨として行われる復興のための施策の推進により、新たな地域社会の構築がなされる」ことや、「被災地域の住民の意向が尊重され、あわせて女性、子ども、障害者等を含めた多様な国民の意見が反映されるべきこと」などを掲げている。ここでは、復興とは被災地域や被災者1人ひとりの状況に応じた新たな生活や社会が構築されることであるとの理念を示している。

さらに、同法では復興は「二十一世紀半ばにおける日本のあるべき姿を目指して行われるべきこと」や、「少子高齢化、人口の減少及び国境を越えた社会経済活動の進展への対応等の我が国が直面する課題や、食料問題、電力その他のエネルギーの利用の制約、環境への負荷及び地球温暖化問題等の人類共通の課題の解決に資するための先導的な施策への取組が行われるべきこと」も基本理念に含めている。既に起きた災害からの復興だけでなく、未来に向け様々な取り組みを行っていくことも復興の目指すところだとしているのである。

2012年2月には、復興庁設置法が施行され、東日本大震災からの復興を中心的に担う復興庁が設置された。復興庁は東日本大震災復興基本法の基本理念にのっとり、内閣のもとで、東日本大震災からの復興に関する施策の企画・立案・総合調整を行う。復興庁は震災発生から10年となる2021年3月31日までに廃止することとされていた（同法21条）が、2019年12月に閣議決定された「復興の基本方針」により当初の計画から設置がさらに10年延長され引き続き復興庁が調整の中心となって復興を進めていく。2020年12月現在の東日本大震災からの復興状況の概要を表3-2に示す。

表3-2　東日本大震災からの復興状況（2020年12月現在）

被災者支援	避難者が47万人から4.2万人に減少（うち応急仮設住宅等への避難2千人）。 介護サポート拠点や生活支援相談員によるサポート。
住まいとまちの復興	住宅再建は着実に進捗、整備が概ね完了。高台移転による宅地造成（約1.8万戸）、災害公営住宅（約3万戸）が計画通り完成。がれき処理（避難指示区域を除く）、インフラの復旧は概ね完了。
産業・生業の再生	生産設備は概ね復旧。水産加工業の販路開拓、風評の払拭等を支援。 被災3県の製造品出荷額等は震災前の水準まで概ね回復。津波被災農地は94%で営農再開可能、水産加工施設は97%で業務再開。
福島の復興・再生	帰還困難区域を除く全ての地域で避難指示解除。復興・再生に向けた動きが本格化。「福島イノベーション・コースト構想」の推進。

（出典：復興庁「復興の現状と課題」より筆者作成）

東日本大震災だけでなく、福島第一原子力発電所事故による原発災害被害を大きく受けた福島県では人の立ち入りを制限する避難指示解除準備区域、居住制限区域、帰還困難区域の指定がされていた。2020年度末でも帰還困難区域（東京電力福島第一原発事故後に年間放射線量が50ミリシーベルトを超え、国が原則立ち入りを禁止した区域）が7市町村にまたがって残っている。政府がまとめた福島廃炉の工程目標「中長期ロードマップ」では30年から40年で廃炉をするとしているが、汚染土等の最終処分地もまだ決まっておらず、復興までには長い時間がかかることが予想される。

（3）大規模災害復興法と自治体独自の復興計画

国の基本的な防災の方針について協議するために災害対策基本法に基づき設置されているのが中央防災会議の防災対策推進検討会議である。同会議が2012年に東日本大震災の復興状況を踏まえて発表した『防災対策推進検討会議最終報告

コラム3-1　激甚災害・特定非常災害・非常災害とは

大きな災害が起きた後、報道などで激甚災害指定という言葉を聞いたことはないだろうか？ 2019年の東日本台風による被害では、激甚災害、特定非常災害、非常災害すべての適用となった。これらの災害の指定について整理しておこう。①激甚災害とは、激甚災害法（激甚災害に対処するための特別の財政援助等に関する法律、1962年施行）に基づく政令により指定されるものである。指定された場合、地方公共団体の行う災害復旧事業等への国庫補助の嵩上げや中小企業者への保証の特例等、特別の財政助成措置が講じられる。被災の規模により「激甚災害」（本激）および「局地激甚災害」（局激）があり、中央防災会議がそれぞれの指定の基準を定めている。②特定非常災害は、特定非常災害特別措置法（特定非常災害の被害者の権利利益の保全等を図るための特別措置に関する法律、1996年施行）に基づいて指定され、避難等のために免許更新などの行政手続等をとることができない被災者を救済するものである。③非常災害は、大規模災害復興法に基づく政令により、著しく異常かつ激甚な災害として閣議決定により指定されるもので、自治体が管理する道路等の災害復旧計画の作成や工事の発注を国や都道府県が代行できるようにするものである。

～ゆるぎない日本の再構築を目指して～』では大規模災害からの速やかな復興のため、発災後その都度特別立法を措置するのではなく、復興の枠組をあらかじめ用意すべきとした。これを受けて2013年6月に施行された大規模災害復興法（大規模災害からの復興に関する法律）は、「大規模な災害からの復興は、国と地方公共団体とが適切な役割分担の下に東日本大震災と同等の大災害について地域住民の意向を尊重しつつ協同して、当該災害を受けた地域における生活の再建及び経済の復興を図るとともに、災害に対して将来にわたって安全な地域づくりを円滑かつ迅速に推進すること」を基本理念としており、復興は行政と住民が協力し合いながら進めていくべきであることを示している。

著しく異常かつ激甚な災害が起こると、大規模災害復興法に基づき「非常災害」として指定される。さらに東日本大震災規模の大災害が起きた場合は「特定大規模災害」として指定され、内閣府に復興対策本部が設けられて、復興のための基本的な方針（「復興基本方針」）を策定する。また、被災市町村や都道府県は円滑かつ迅速な復興を図るため、政府の復興基本方針等に即して、復興計画を作成できるものとされている。

なお、2021年の災害対策基本法の改正で都道府県域のみで対応できない災害を特定災害に指定し、内閣府に特定災害対策本部を置くこととなった。

東日本大震災の被災地では、復興に際して柔軟な土地利用ができないことが復興を妨げているとして問題となった。そのため、2011年に東日本大震災復興特別区域法が施行され、復興整備計画に記載された復興整備事業については土地利用再編の特例が適用できるようになった。これを踏まえ、市町村は単独で、または都道府県とともに必要な復興整備事業等を復興計画に含めて作成することで、状況に応じた柔軟な土地利用が可能となっている。大規模災害復興法の施行後、「特定大規模災害」に相当する災害は発生していないが、2016年の熊本地震と2019年の令和元年東日本台風が「非常災害」に指定されている。

（4）事前復興と国土強靭化

ここまでは災害が起きてからの主に行政が担う復興に向けた対応についてみてきた。しかし、概要で述べたように、防災・減災から災害時の緊急対応、復旧、復興は連続しており、災害が発生した際のことを想定し、被害の最小化につながる都市計画やまちづくりを推進することは、災害が起こる前から復興を考えていくことになる。

このように、災害が起こることを平常時から想定して事前に様々な準備を進めていくことを、事前復興と呼ぶ。2013年12月に施行された国土強靭化基本法（強くしなやかな国民生活の実現を図るための防災・減災等に資する国土強靭化基本法）はこの事前復興を推進するための法律であり、「人命の保護が最大限図られる」「国家及び社会の重要な機能が致命的な障害を受けず維持される」「国民の財産及び公共施設に係る被害を最小化する」「地域の活力の同上を図り迅速な復旧復興を目指す」等を基本方針とする。同法に基づ

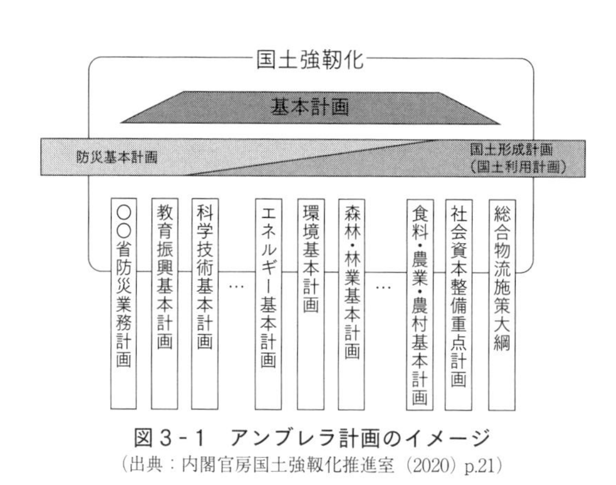

図3-1　アンブレラ計画のイメージ
（出典：内閣官房国土強靭化推進室（2020）p.21）

き国は国土強靭化基本計画を、自治体は国土強靭化地域計画を策定することになっており、2014年には国の国土強靭化基本計画が策定された。なお、強靭化計画は国や自治体の他の基本的計画の指針となる上位の計画と位置づけられたため、アンブレラ計画と呼ばれる（図3－1）。

自治体が策定する国土強靭化地域計画はすべての都道府県で策定済みだが、市区町村では2021年7月1日現在で政令指定都市を含む1,741市区町村のうち、策定済み1,422市区町村、策定中（予定含む）311市区町村となっている。国土強靭化基本計画をもとに県の国土強靭化地域計画が施策分野を設定して、それをもとに市町村の国土強靭化地域計画を設定する。図3－2は、2017年に策定された宇都宮市国土強靭化地域計画と栃木県国土強靭化地域計画との関係を表したものである。

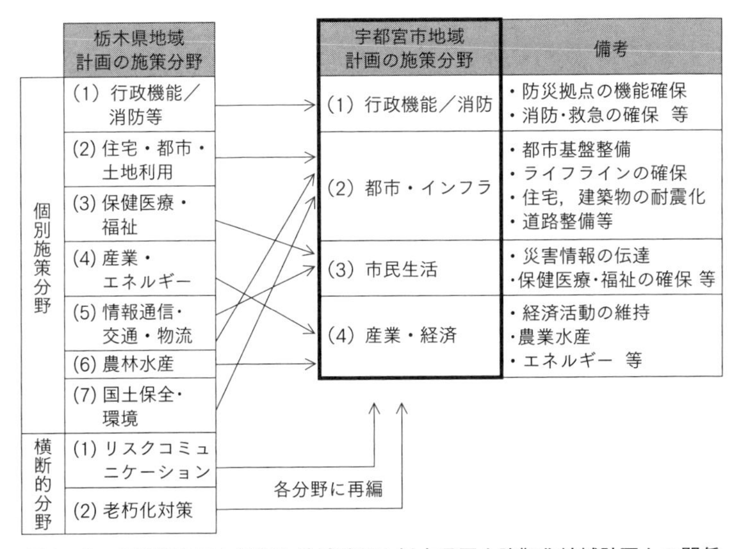

図3－2　宇都宮市国土強靭化地域計画と栃木県国土強靭化地域計画との関係
（出典：宇都宮市国土強靭化地域計画（2017年策定））

2018年には社会情勢の変化等を踏まえて、国土強靭化基本計画が見直され「防災・減災、国土強靭化のための3か年緊急対策」が閣議決定された。この緊急対策では緊急性の高い対策160項目について、2018年度から2020年度までの3年間で集中的に実施した。2020年度からは「防災・減災、国土強靭化のための

5か年加速化対策」として大規模災害に備えたインフラ整備やデジタル化の推進等が重点的に行われることになっている。

2 ▶ 災害に強いまちづくり

(1) 施設や構造物の整備

前節まででみたように、災害による被害を最小限に抑え、復興をより容易にしていくために、国土強靭化は災害に強いまちづくりの根幹をなすものである。災害に強いまちづくりは、施設や構造物の整備に関するハードの施策と、コミュニケーションや心構えに関するソフトの施策とに分けて考えることができる。水害対策でたとえると、堤防がない地域で洪水が発生するおそれがあると考えられている場合、堤防と、高台にある避難施設、そしてその施設までの避難路を整備することがハードの施策である。一方、整備された堤防を踏まえたハザードマップを作成し、そのマップを活用して避難するタイミングを検討するほか、整備された避難施設に避難する訓練を実施することなどがソフトの施策である。ここではまずハードの施策について整理する。

ハードの施策は、国土強靭化基本計画によると、①施設・構造物の整備、②施設・構造物の自然災害への安全性を高くすること、③代替の施設・構造物の整備の3つからなる。①施設・構造物の整備は、災害による被害を減少させる、もしくは災害発生後の対応を円滑に進める施設やインフラ、ライフラインなどの構造物を新規に整備することである。先述した例で考えると、堤防が整備されていない地域での水害対策としては、堤防の新規整備や高台に避難施設を整備することがそれにあたる。また、災害時に避難所として使われることも多い学校の校舎については2003年に「学校施設耐震化推進指針」が示され、2019年4月現在で、公立小中学校の構造体の耐震化率は99.2%、屋内運動場等の吊り天井等の落下防止対策実施率は98.9%となっている。

②施設・構造物の自然災害への安全性を高くすることとは、既存の施設や構造物が自然災害に対して安全性が低い場合、それらに手を加えることによって安全性を高くすることで、自然災害が発生しても機能させることである。先述の水害

対策でいえば、既存の堤防はあるが耐震性に心配がある場合、堤防の耐震化を行うことである。

③代替の施設・構造物の整備とは、自然災害時に必要な施設や構造物が機能しなくなった場合のことを考え、その代替となる施設や構造物を準備しておくことである。多くの場合、既存の施設や構造物で対応することになるが、新たにそのための施設を建設することもある。水害対策でいえば、市町村役場が浸水して使用できない場合に、その代替施設を検討している市町村がある。

例えば、県庁所在地である和歌山市の南側に隣接する海南市では、東日本大震災後に南海トラフを震源とした巨大地震による被害を想定した際に、市役所のある中心部が津波被害を受けるという結果が出た。そこで2012年度から市役所の建て替えについて検討を行った結果、高台にある和歌山県管理の社屋を譲り受けて移転することにした。2017年に移転が完了するまでに、市役所が利用できない災害が発生した場合は、高台の市民体育館を代替施設として利用することとしており、2013年度には市民体育館の利用を前提とした図上訓練（2章2節参照）を実施している。これは、②の施設・構造物の自然災害への安全性を高くすることを目的として、③代替の施設・構造物の整備をはかった応用事例である。

（2）リスクコミュニケーション

ここからはソフトの施策についてみていく。リスクコミュニケーションとは、国際的な取引を進めるために何らかの製品やサービスに関して、世界中で同じ品質、同じレベルのものを提供できるようにする標準規格であるISO31000において、リスクについて組織を指揮統制するための調整された活動と定義される、リスクマネジメントの一部である。そもそもリスクとは、「目的に対する不確かさの影響」（ISO31000より）と定義されるもので、影響は検討している組織や個人にとってのプラスとマイナスの側面の両面がある。

リスクマネジメントが成立するためには、利害関係者（ステークホルダー）の間でリスクに関する情報、体験、知識などを交換しながら相互理解を深めていくことが必要である。ここでリスクコミュニケーションが必要となる。

リスクコミュニケーションとは、文部科学省安全・安心科学技術及び社会連携委員会（2014）によると、「リスクのより適切なマネジメントのために、社会の各層が対話・共考・協働を通じて、多様な情報及び見方の共有を図る活動」（文部科学省 2014）のことである。リスクコミュニケーションを考える上で前提となる基本的な考え方には、次の５つがある。①個人と社会ではリスクの捉え方が違う、②発信側と受け手側の持っている情報や生じるリスクには差がある（非対称性）、③行政や専門家は統治者視点で統計的・確率的なものの見方をするのに対して、リスクに直面する人は当事者視点として危害を受けるかどうかの二者択一の考え方をとる、④リスク情報は受け手側が根拠を検証できるように公開する、⑤リスクコミュニケーションを促進する人は特定の利害関係者によらず中立でなければならない。

防災分野においてリスクコミュニケーションは、防災に対する認識の変容や避難行動の検討、リスクがある中での住民の帰還などの際に使われることが多い。認識の変容については、２章２節で紹介したクロスロードを用いた防災教育がある。避難行動の検討に関しては、例えば水害の場合、住民は洪水ハザードマップから水害リスク情報を入手することができ、大雨の際には気象警報をはじめとした災害情報を入手できる。しかし、個別の事情により避難が遅れる人や、１人では避難することが困難な人が存在する。そのため、災害時に安全な場所に避難する住民が増えるよう、行政と住民、情報提供側等の間で様々なリスクコミュニケーションの試みが行われている。

リスクがある中での住民の帰還としては、2000年に発生した三宅島の噴火災害で全島避難が４年半にわたり続いた例が挙げられる。2003年４月に、三宅村が主催となって、島民の大多数とコミュニケーションできるよう、都内避難先、一時帰宅事業、住民説明会、避難先懇談会などあらゆる機会を利用して、主に火山ガスが人体に与える影響についてのリスクコミュニケーションが始められた。説明は帰島に向けて議論された三宅島火山ガスに関する検討会の委員である専門家と、専門家が養成した村の職員や教員、各種団体職員が行った。数回実施後の同年８月に、子どもを守る方法などを説明する「親子リスクコミュニケーション」が行われた。リスクコミュニケーションは2004年４月までに65回開催され、当時の人口3,829人のうち、延べ1,568人が参加している。

（3）BCP

事業継続計画（Business Continuity Plan = BCP）とは、災害などの非常事態に陥ったときに、損害を最小限に抑えつつ、核となる事業をできるだけ早期に復旧できるように、あらかじめ非常時に行う活動の内容やその手順を決めておく計画のことである。

BCPを策定するには、まず、災害時でも止めてはいけない、優先すべき事業を特定し、目標となる復旧の時間を設定することが重要である。そのためには、取引先など事業に係る関係者（ステークホルダー）との事前の協議も必要となる。また、すべての従業員や関係者と事業継続についての共通理解を持つことも必要となる。つまり、BCPは作る過程においても、作ってからも、関係者（ステークホルダー）との協力が不可欠である。

BCPは特に企業活動において重要であると考えられてきたが、災害の影響は企業だけとは限らないことから、行政機関、教育機関、医療機関、福祉施設、NPOなど様々な主体がそれぞれのBCPを検討するとともに、必要な場面において相互の連携をはかっていくことが必要となる。東日本大震災を受けて2013年に内閣府（防災担当）が発表した『事業継続ガイドライン（第三版）』では、BCPを遂行していくためのBCM（事業継続マネジメント、Business Continuity Management）の重要性や、BCPに基づく継続的な訓練やBCP改善の必要性、経営者の責任などを拡充することなどが盛り込まれた。また、2021年の改定では令和元年東日本台風での避難状況を踏まえて、一斉帰宅抑制のための被災時の従業員の外出抑制等をBCPに入れ込むことになった。

（4）学校における防災教育

リスクコミュニケーションとBCPは主に組織主体の取り組みといえるが、これと同時に1人ひとりの防災・減災への意識を高めていくことも重要である。そのために行われるのが防災教育である。防災教育には防災や災害に関する「知識」、安全な避難や的確な救命救急などを実践できる「技能」、災害に協力して立ち向かうための「心構え」の3つの要素がある。1人ひとりが知識と技能を身につけ、災害への心構えを持つことは、災害を未然に防止し、災害が発生した場合の被害の拡大を防ぎ、復旧を図るための地域や組織の防災力を高めることになる。

また防災教育は単に実行するのではなく、「誰が何のために誰に対して何をいつ、どこで、どのように行うか」を考慮した十分な準備と、実行した後に知識・技能が定着し防災に向けた心構えが継続していくことも視野に入れて、実施していく必要がある。

学校における防災（学校防災）は、①防災教育、②防災管理、③防災に関する組織活動の三分野に整理することができる。①防災教育とは、生涯にわたる防災対応能力の基礎を育成するため、主に学習指導要領等に基づき各教科、道徳、総合的な学習の時間、特別活動等の教育活動全体を通じて実施されるものである（表3－3）。2017年度の学習指導要領の改訂にあたって防災教育の観点が強化された。次に、②防災管理とは、災害の発生を想定して、子どもの安全を確保するために適切な対応がとれる体制を整備することである。さらに③防災に関する組織活動とは、校内の防災体制を確立するとともに、学校防災に関する計画の策定や家庭・地域との連携をはかることである。②③は主に学校保健安全法に基づいて実施されている。学校保健安全法では、学校安全計画の策定（27条）、学校環境の安全確保（28条）、危機管理マニュアルの作成（29条）、地域・家庭との連携（30条）など学校における安全確保のための学校の役割が定められている。

表3－3　発達段階に応じた防災教育の目標

幼稚園等（幼児期）	安全に生活し、緊急時に教職員や保護者の指示に従い、落ち着いて素早く行動できる。
小学校	日常生活の様々な場面で発生する災害の危険を理解し、安全な行動ができるようにするとともに、他の人々の安全にも気配りできる。
中学校	日常の備えや的確な判断のもとで主体的に行動するとともに、地域の防災活動や災害時の助け合いの大切さを理解し、すすんで活動できる。
高等学校	安全で安心な社会づくりへの参画を意識し、地域の防災活動や災害時の支援活動において、自ら適切な役割を担い判断し行動できる。
特別支援学校（障害のある児童生徒等）	幼稚園、小学校、中学校及び高等学校の指導内容に準じるとともに、児童等の障害の状態、発達段階、特性及び地域の実態等に応じて危険な場所や状況を予測・回避したり、必要な場合には援助を求めることができるようにする。

（出典：文部科学省（2015）「学校防災のための参考資料「生きる力」を育む防災教育の展開」p.10より作成）

(5) 防災士による防災教育

学校に限らず地域における防災教育をはじめとした防災の担い手として、消防団や自主防災組織などが注目されている。消防団とは、消防組織法第18条に根拠を持つ市町村の非常備の消防機関で、消防団員は非常勤の地方公務員として、地域の消防防災活動にあたっている(5章2節参照)。また自主防災組織とは地域住民が自発的に組織し、地域の防災活動にあたるもので、災害対策基本法(2条2-2)では「住民の隣保協同の精神に基づく自発的な防災組織」として市町村がその充実に努めなければならないとされている。

また、地域の防災を担う資格として2003年には防災士が誕生した。阪神・淡路大震災をきっかけとして、一刻も早い救出が必要な大きな災害において、1人でも多くの命を助けるために、地域の防災力を高めることが急務だと考えられたのが防災士誕生のきっかけである。防災士の認証は日本防災士機構が行っており、研修講座を受講して資格試験に合格し、救急救命講習を受講した後、認証資格審査を通ってはじめて防災士資格を取得できる。防災士には、自助・共助・協働を原則として、社会の様々な場で防災力を高める活動が期待され、研修講座ではそのための十分な意識と一定の知識・技能を修得する。防災士が地域防災の要としてHUG(2章2節参照)を用いた講習を開くなど地域で活発な活動を行うことが期待されており、最近は防災士資格取得のための講座費用の助成などを行っている自治体も増えてきている。また企業の防災担当者が防災士資格を取得することも多くなっている。ここでは地域の防災教育の例として防災士が行っている防災教育について紹介する。

医療従事者が防災士の資格を取って、地域防災の見守り役を担っている連合自治会もある。この防災士が中心となって連合自治会が主催する避難所運営訓練を年1回と定例化し、対応方法をわかりやすく提示して、進捗状況の管理と先読み行動を提供するアクションカードを用いて、避難者に役割と具体的な業務を定めるようにしている。実はこの防災士は災害時にはDMAT(4章2節参照)の一員として他地域に出向かなければならず、発災時には地域にはいられないが、このような地域防災の体制を整えるとともにDMATとして支援に向かった経験を地域の方々への防災教育として還元している。

コラム3－2　防災教育の成果を活かす

住民や児童・生徒の防災教育への取り組みの成果を発表する場として、内閣府を始めとする各省庁が後援する「防災教育チャレンジプラン」、兵庫県等が主催する「1.17防災未来賞「ぼうさい甲子園」」、日本損害保険協会が主催する「小学生のぼうさい探検隊マップコンクール」などがある。その中でも、児童・生徒だけでなく一般でも応募できるのが防災教育チャレンジプランである。この事業は、選ばれたプランの準備から実施までを支援するもので、準備・実践にかかる経費の支援を行うだけでなく、防災教育の専門家が「防災教育チャレンジプランアドバイザー」として、実現に向けた助言や現地指導などの支援も行う。活動報告会において優秀な実践活動に対して、防災教育大賞・防災教育優秀賞・防災教育特別賞が授与される。

防災士は1人ひとりがそれぞれ活動するだけでなく地域の防災士会に所属することで、同じように地域で活動している防災士とのつながりを作り、お互いの地域で活動するときに協力して活動している。

宮城県の防災士の集まりである特定非営利活動法人防災士会みやぎでは、東日本大震災後に『減災絵本・「リオン」』を作成した。東日本大震災では466人もの10歳未満の子どもが亡くなったとされている。そこで、とりわけ幼い子ども向けにわかりやすく自然災害のメカニズムを説明する絵本の作成が企画された。絵本には、たんぽぽの綿毛の妖精リオンというキャラクターが登場し、子どもは、リオンと一緒に地球上の様々な場面を体験する。災害が起こりそうなところではリオンが危険を知らせてくれるので、子どももこわがることなく、自然災害の恐ろしさだけでなく、普段の自然の姿や自然の恵みも同時に学ぶことができるつくりとなっている。各地の防災士がこの絵本を活用して子ども向けの減災教室を開いており、2015年3月の第3回国連防災世界会議のパブリックフォーラム「減災絵本リオン活動報告セミナー」でも内容が紹介された。

（6）防災無線等を通じた防災情報の提供

日本では災害が起こるたびに、危険情報を受けとることができなかったために、逃げ遅れたという問題が起こっている。適切に避難するためには必要な情報を時機を逃さず必要な人に知らせることが重要である。防災情報の伝達には、タ

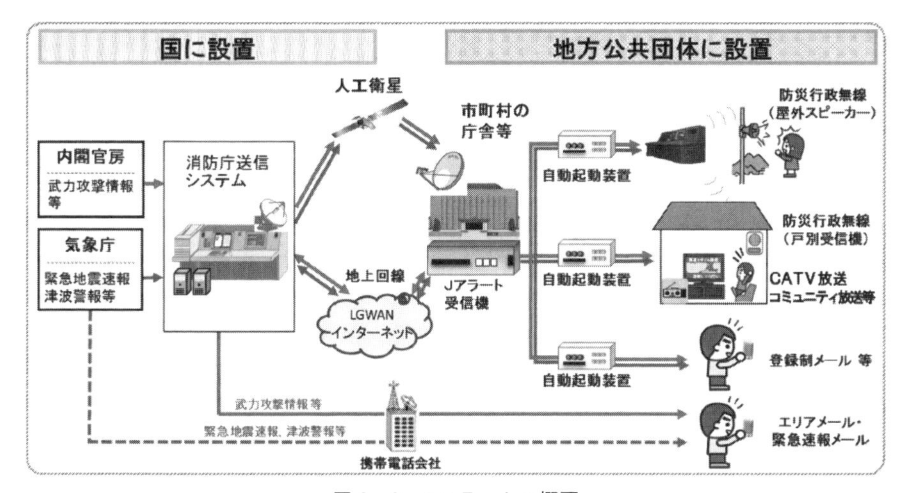

図3-3 Jアラートの概要
（出典：平成29年度消防白書「全国瞬時警報システム（Jアラート）とは」
https://www.fdma.go.jp/publication/hakusho/h29/topics10/46067.html）

イミング、内容、範囲、方法など様々な課題がある。ここでは伝える方法に焦点をあてて情報の強靭化について考える。

防災に関する情報の中でも住民に身近なものの1つは市町村防災無線システムだろう。これは、市町村が収集した防災情報を住民向けに発信するために整備するもので、2020年3月末現在、全市町村（1,741）中、78.5％（1,368市町村）が整備している。情報伝達の方法としては、屋外拡声器、戸別受信機のほか、自治体によってはケーブルテレビやコミュニティFMを利用する場合もある。

市町村の防災無線は地域ごとの判断で必要な情報を適時に伝える重要な手段だが、聞こえにくい、停電や機器の損傷で使えない、知的障害、聴覚障害、日本語が母語でない、などの多様な住民のニーズに対応できていないという問題点が指摘されている。最近このような問題を解消する1つの方法として、携帯電話事業者による緊急速報メールや自治体独自の緊急速報メールなどが、防災情報の重要なツールとなっている。これらのツールでは聞こえにくい、情報を受けとりにくいといった自治体の防災無線の問題が解消されるとともに、住居や職場や生活様態に合わせてその人に合った情報の提供が可能になる。

また2017年からは、人工衛星と市町村防災行政無線や有線放送電話を利用し、緊急情報を住民へ瞬時に伝達する全国瞬時警報システム（通称：J-ALERT（J

アラート：ジェイアラート））が稼働している（図3-3)。Jアラートでは、緊急地震速報、津波警報、弾道ミサイル情報などが、行政の防災無線や携帯電話会社経由の緊急速報メールで国民に届けられることで、住民に早期の避難や予防措置などを促して被害の軽減につながることが期待されている。

さらに、災害時にTwitterやLINEなどSNS（ソーシャルネットワーキングサービス）を活用して自治体が緊急速報や支援情報を提供する例が増えてきている。SNSは災害時の情報発信だけでなく、情報収集・分析の手段として有効なツールであるため、内閣官房も2017年に『災害対応におけるSNS活用ガイドブック』を発行するなどしてSNS活用の推進をはかっている。

（7）公民連携強化

国土強靭化基本法では、基本方針の1つとして事前防災及び減災のための取り組みは、自助、共助及び公助が適切に組み合わされることにより行われることを基本とするとしている。自助・共助・公助が最適に組み合わされる「最適ミックス」のために必要な環境整備として、事前の協定やネットワークづくりが挙げられる。防災計画の策定にあたっても、行政と必要な関係機関、民間企業、NPO等との協定などによる事前の取り決めが重要であるとされている。その中で昨今の災害時に注目が高まっているのが、災害支援を行うNPO・NGOとの連携である。

そもそも日本のNPOの法人格の1つである特定非営利活動法人は、阪神・淡路大震災でのボランティアの活躍を受けて、ボランティアが安定した活動を行うために必要な環境整備の一環として制定された特定非営利活動促進法によるという経緯がある。

日本では大きな災害が起こると、多くのボランティアやNPO・NGOが支援に集まる。ボランティアやNPO・NGOにはそれぞれに得意分野があり、お互いに補うことによりさらに大きな支援の力となりうる。災害ボランティアセンター（4章2節参照）を開設する社会福祉協議会もまた民間のNPOの1つである。また、災害対策本部が置かれる行政との連携も必要となる。このような連携の例として、東日本大震災で多くのNPOや企業、自治体が参加して被災地と支援者を結んだ「遠野（とおの）まごころネット」、2015年関東・東北豪雨で被災した茨城県のNPO

を中心とした支援のよびかけが発展した「たすけあいセンター　JUNTOS」、2018年の平成30年7月豪雨で被災した岡山県でNPO・NGOが災害後に必要に迫られネットワークを広げ、継続的に情報共有や行政との連絡調整等を行った「災害支援ネットワークおかやま」などが挙げられる。

災害が起こってからでは、支援が優先され、なかなか情報交換や公民相互の連携がとりづらい状況がある。上記のようなネットワークを事前に作っておくことで、災害が起こった際にスムーズな情報交換や相互の連携が可能となることから、事前のネットワークづくりも行われるようになってきている。

栃木県では2017年度に、県内のNPO法人に対し筆者らが県と共同で災害時の支援活動の経験や参加意向について調査をし、その結果を踏まえて災害時支援のNPOネットワークづくりを進めていた。2019年10月に令和元年東日本台風により栃木県内が大きな被害を受けた際には、県内の状況把握や支援の情報交換などを行う公民連携の場として、準備していたネットワークを活用することができた。

▶ まとめ

本章では、災害に備え、復興の支えとなる災害に強いまちづくりについて法制度やハード、ソフトの施策をみてきた。まず1節で国や地方自治体が被災から復興に向けて必要な法制度をどのように整備してきたかを概観し、2節では災害に強いまちづくりに資する具体的な取り組みについてみてきた。学校の耐震化補強や防災教育、スマートフォンで受けとる緊急地震速報など日頃身近にふれたことがあるものが災害時にどのように役立っているのかを知ることで、より理解が深まったのではないだろうか。このような法制度やハード・ソフトの施策が実効性を持つには、企業、学校、NPO、地域そしてそこで生活する私たち1人ひとりがそれぞれの立場でその意図を十分に理解し、活用できるように取り組んでいくことが必要になる。そして、1人ひとりの力は弱くても、何かができる、何かが変わるという、災害に立ち向かう気持ちを1つにすること、それが国土強靭化への第一歩に違いない。

参考文献

1）五十嵐敬喜・加藤裕則・渡辺勝道（2021）『震災復興10年の総点検――「創造的復興」に向けて』岩波書店
2）塩崎賢明（2014）『復興〈災害〉――阪神・淡路大震災と東日本大震災』岩波書店
3）内閣官房国土強靭化推進室（2020）『国土強靭化地域計画策定ガイドライン（第7版）基本編』
4）内閣官房情報通信技術（IT）総合戦略室（2017）『災害対応におけるSNS活用ガイドブック』
5）内閣府（防災担当）（2021）『復旧・復興ハンドブック』
6）日本防災士機構ホームページ
（https://bousaisi.jp/　2020年6月7日閲覧）
7）藤井聡（2011）『日本復活5カ年計画――列島強靭化論』文春新書
8）文部科学省　安全・安心科学技術及び社会連携委員会（2014）「リスクコミュニケーションの推進方策」

▶ 課題に挑戦してみよう！

□ ① 自分が住んでいる自治体の地域防災計画を読んで、わからないところや気になったことを調べてみましょう。

□ ② コラム3-2「防災教育の成果を活かす」で取り上げられている防災教育の取り組みの成果発表に関して、過去に受賞した取り組みにはどのようなものがあるか見てみましょう。またその中から1つの例を選び、自分の学校や地域で実施するにはどうしたらいいか具体的に考えてみましょう。

□ ③ あなたの身近な地域の防災無線の有無や運用について調べてみましょう。また、災害時のSNSを利用した情報発信・収集の取り組みの有無も調べてみましょう。

～柴田貴史さん（鹿沼市社会福祉協議会）に聞いてみよう～

復興とは

Q1 マイキーはいろいろな被災地が復興していくところを見てきたと思います。特に印象に残った事例を教えてください。

活動をしてきて思うのが、目に見えない「こころの復興」が大事ではないかということです。水道管が直り、水が出るようになった、倒壊した建物が片付けられた、一時休業していた商店が再開した、などの物理的なことは、「目に見える復興」といえるかもしれません。でもそれだけでなく、災害の辛い出来事を過去のことと思えるようになった、新しい生活に向けて一歩を踏み出せたなどの「目に見えない復興」もあると思います。

目に見える復興にこころがついていけず、「生活のリズムや役割、対処方法、活力を自ら見出せていない」「普段の生活では何も支障がないのに災害後、極端に気力・体力が低下した」「行政や地域の大多数の人が決めたことにわだかまりを感じる」「無理して元気を装っているように見える」というような様子の被災者も少なくありません。「なぜこんなことになった」と自問自答して、喪失感や孤独感から抜け出せない人もいます。目に見えない復興への第一歩を、周囲がどう支援していくかという視点が大事だと思います。

Q2 「目に見えない復興」に向けて、被災者自身ができることはありますか？

被災しながらも、「こころの復興」の重要性、必要性に気づいた人が、災害があったことで見えてきた地域の課題を「みんなで共有しながら解決できるように取り組む」という、自助グループのような取り組み、被災しながらも誰かを支える活動が、近年増えてきているように思います。避難生活の初期には避難所に入れただけで良かったと思っていたのが、避難所生活が長引くといろいろな課題も出てきます。その中でも、避難所の中で住民同士が工夫することで、「どうにかなる問題」と「どうにもならない問題」を分け、自分たちで解決できることは自分たちで解決し、個人では解決が困難な課題は行政などに改善要望をしたりすることもできます。さらに、誰かに話すことができれば、「自分だけが不満に思っていた」ではなく、「みんなもそう思っていたんだ」と、気持ちを共有・共感することもできます。様々な課題を個人で解決するのではなく、皆で解決していくということ、そしてNPOやボランティアといった、サポートする仕組みや人がいることが、復興にはとても大切だと思います。

昨今、社会課題の解決や地域づくりにおいてボランティアが存在感を増している。自然災害の復旧や復興の場面でも、「災害ボランティア」の存在が定着してきた。1995年の阪神・淡路大震災後に改正された災害対策基本法では、行政が「ボランティアによる防災環境の整備」に努めることが明記され、東日本大震災の2年後である2013年の同法改正では「ボランティアとの連携」が規定されるようになった。社会全体で災害に関する見識が蓄積される中、災害ボランティアについてもより活動が進（深）化してきているといえよう。

特にその担い手は多様化しており、個人によるものからNPO・NGOや企業によるものまで、それぞれの強みを活かした多彩な取り組みが散見される。情報インフラの発展などにより、被災地まで出向くことなく取り組める支援活動もバラエティーに富むようになった。その一方で、そうした担い手同士の役割分担や連携・協働については、総じて発展途上の段階であるともいえる。そして、そうした役割分担や連携・協働が目指す先は、被災者が新しい日常を獲得し、被災地の復旧・復興を加速させることであるのはいうまでもない。

本章では、「被災地のために自分も何か役に立ちたい」という気持ちがボランティアという行動になっていくプロセスや、ボランティアによる復旧や復興の活動を支える様々な仕組みについてみていくことにする。

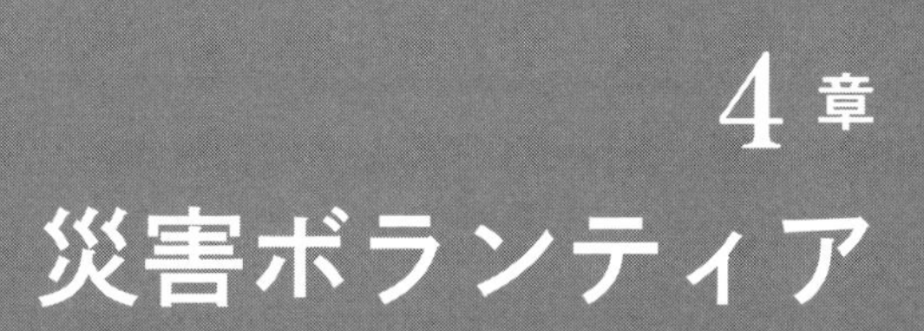

4章
災害ボランティア

土崎　雄祐

1 ▶ 災害救援・復興支援活動とは

ひとたび災害が発生すると、その瞬間から、被災者あるいは被災地域を支援するための様々な主体による様々な活動が展開される。前章までの内容とやや重複する内容もあるが、本章のメインテーマである災害ボランティアの内容に入る前に、まず災害救援・復興支援の担い手について「自助・共助・公助（支援の提供者の違い）」と「専門性の有無」の２軸で整理し（図４-１）、災害ボランティアの立ち位置について確認しよう。

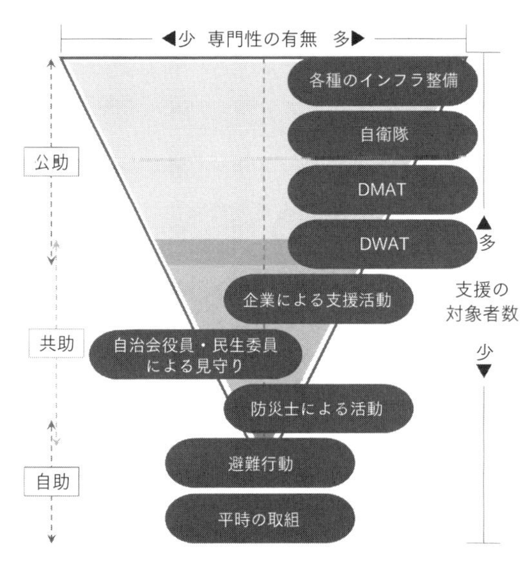

図４-１　災害救援・復興支援活動の全体像（筆者作成）

（１）自助・共助・公助

災害救援・復興支援活動はもとより、防災・減災活動も含めた災害に関する取り組みを考える際、必ずといっていいほど「自助・共助・公助」というフレーズに出くわす。その際によく引き合いに出されるのが、1995年に起こった兵庫県南部地震（阪神・淡路大震災）における救助の主体と救出者数に関する調査結果である。この調査結果によれば、家族も含む「自助」や近隣住民等の「共助」により、約８割が救出されており、「公助」である自衛隊等による救出は約２割程度にすぎなかった（日本火災学会 1996）ことを踏まえると、自助や共助の大切さが容易に理解できるであろう。その一方で、公助を頼ってはいけないというわけではない。

では、活動主体の違いによってそれぞれどんな災害支援・復興支援活動が展開されるのか、具体的にみていこう。

1）自　助

災害時に自分の身を守るために必要な行動とはいったい何だろうか。適切な避難行動をとる、避難所や仮設住宅で様々な支援を受ける、各種制度を活用して生活再建を進めるなどが考えられるだろう。さらに、災害の被害を軽減するための事前準備も自助ということができるのかもしれない。

内閣府（2019）『令和元年版防災白書』では、発災を想定した自助の取り組みとして、「地域の災害リスクを理解し、家具の固定や食料の備蓄等による事前の『備え』を行うこと、避難訓練に参加し、適切な避難行動を行えるように準備することなど」が挙げられている。加えて、2011 年の東日本大震災以降、「受援力」という考え方も注目されている。内閣府（2018）が作成したパンフレット「地域の『受援力』を高めるために」によると、受援力とは「ボランティアを地域で受け入れる環境・知恵などのこと」を指し、高めるための平時の取り組みとして次の４点を挙げている。

①地域の防災マップを作る

②地域の防災訓練に参加する

③支援が必要なときの窓口（相手）を決めて把握しておく

④日頃から地域の人と人とのつながりを築いておく

2）共　助

本章で中心的に取り上げる「災害ボランティア」はこの共助に分類するのが妥当だろう。2018 年、ボランティア活動家の尾畠春夫さんが山口県で行方不明となった２歳児を見事救助し、その活躍に注目が集まった。同年の「ユーキャン新語・流行語大賞」には「スーパーボランティア」がノミネートされた。尾畠さんは災害が起こるたびに被災地に駆けつけ、自身の車で寝泊まりをしながら熱心にボランティア活動に取り組んでいるという。

もちろん、共助の担い手はこうしたボランティアだけではない。企業による支援活動も多種多様な形で展開されている。自社製品を支援物資として被災地域に送ったり、各社やその従業員が有するスキルを活かして生活再建を後押ししたりと、例を挙げると枚挙にいとまがない。あるいは、被災地域の住民による内発的な支援活動も多数展開されている。自治会役員や民生委員による被災者の見守り活動、避難所の自主運営、情報発信などが挙げられるが、「被災地域住民＝支援を受ける存在」という構図ではないことに着目したい。被災者という立場であっても、誰かの役に立つことによって被災者目線のきめ細かな支援メニューが生まれたり、被災者自身の社会的欲求の充足につながったりすることが期待される。

このほか、施設や団体同士の広域的な助け合いとして、人員を派遣するケースもみられる。災害時にこうした動きを迅速に行うため、例えば自治会と福祉施設との間で地区防災の連携・協力に関する協定を結んだり、研修や訓練を合同で行ったりするなど、平時からの取り組みを継続的に行うことも重要である。

3）公　助

ここでいう「公」は主に行政機関を指すこととし、具体的には警察、消防、自衛隊そして地方公共団体等が挙げられる。その災害救援・復興支援活動の一例を紹介しよう。

警視庁および道府県警察本部は、各都道府県の地域防災計画においてその役割が示されている。長野県や島根県などの警察本部では、災害警備計画を策定し、地域住民の生命や身体、財産を災害から保護することを目指している。発災時に行う具体的な活動として、被災者の避難誘導および救出救助、警察用航空機（ヘリコプター）の運用、検視、身元確認等、交通対策、被災地における各種犯罪等への対策、そして警察活動に必要な情報通信の確保が挙げられる（国家公安委員会・警察庁 2019）。また、東日本大震災後の 2012 年には、大規模災害発生時における広域的な部隊派遣態勢の拡充を図るために、即応部隊と災害発生から一定期間経過後に派遣する一般部隊からなる警察災害派遣隊が新設されている。

消防について、その任務は消防組織法において、「その施設及び人員を活用して、国民の生命、身体及び財産を火災から保護するとともに、水火災又は地震等の災害を防除し、及びこれらの災害による被害を軽減するほか、災害等による傷病者の搬送を適切に行うこと」とされている。消防庁（2011）によると、東日本大震災における被災地域の消防機関の活動として、津波への対応、消火活動、救助活動、そして救急活動などが挙げられているが、特に後者2つについては災害の種類にかかわらず必要不可欠なものである。

また、災害直後からしばしば報道されるのが自衛隊の動きである。逃げ遅れた被災者の救援やがれきの撤去を迅速かつ広範囲に行う姿はまさに目を見張る。こうした活動は自衛隊法第83条で災害派遣として規定され、同法第3条第2項で規定される自衛隊の「本来任務における従たる任務」として位置づけられている。この災害派遣には、風水害・地震・噴火等での活動のほか急患輸送や消火活動、捜索救助等への従事が含まれている。2009年度から18年度までの10年間で行った災害派遣は5,274件で、このうち風水害・地震・噴火等での活動は124件にのぼっている（防衛省 2019）。

そもそも、災害支援における公助の守備範囲は実に幅が広い。例えば、住家の被害認定は内閣府が定めた「災害の被害認定基準」などに基づき市区町村が実施し、罹災証明書が発行された後、これにより各種の支援を受けることができる。このほか、地方自治体による災害ゴミの処理、仮設住宅の整備、被害を受けた道路や河川、公共施設などの修繕、復興計画の策定、気象庁をはじめとする公的機関による関連情報の発信なども公助の役割であるといえよう。

（2）専門性の有無

災害時、あらゆる段階（フェーズ）において専門性の高い活動が展開されている。例えば、「災害急性期に活動できる機動性を持ったトレーニングを受けた医療チーム」と定義されるDMAT（Disaster Medical Assistance Team：ディーマット）は、医師、看護師、業務調整員（医師・看護師以外の医療職および事務職員）で構成され、大規模災害や多傷病者が発生した事故などの現場に、急性期（おおむね48時間以内）から活動できる機動性を持った、専門的な訓練を受けた医療チームとされている。阪神・淡路大震災が契機となり厚生労働省により2005年

コラム4-1　企業による災害ボランティア支援

企業による災害ボランティア支援の取り組みとして、企業が主導してボランティアプログラムを実施するものと、ボランティアに参加する従業員を応援する仕組みづくりとの2種類に大別できる。

災害直後、社会貢献したいという企業から連絡があり、災害ボランティアのコーディネーションをしたことがある。この企業は日頃から安全まち歩きなどの地域活動を行い、従業員に災害ボランティアの自主参加を募集したところ、多くのボランティアが集まった。企業の担当者からは、企業として提案したプログラムに従業員が主体的に参加し、従業員の「新たな一面」を見つける上で大いに役立ったと聞いた。企業の従業員によるボランティアは、企業のアピールや利益が第一になるのではなく、従業員が自主的にボランティア活動に参加し、活動に向き合った結果、被災地に貢献することが重要である。

また別の企業では、複数の関係先が被災したことにより、工場のラインが長期間止まってしまった。このとき組合側が、「この期間にボランティア活動を実施して社会貢献したい。企業としてバックアップしてくれないか」と経営陣に提案した結果、ボランティアの活動日すべてを出勤扱いとし、移動のための車両とその燃料費なども企業が提供して、災害ボランティアを実施することとなった。

企業による災害復旧・復興支援として、以前は自社製品や購入した物資や災害用備蓄品の提供が多くあったが、東日本大震災以降は社員のボランティア派遣や寄付活動など多様な方法で支援活動を行うようになった。また以前は経済団体やロータリークラブなどが中心となり行われることが多かったが、東日本大震災以降はインターネットの普及もあり、「大災害には何かしないと」という気運の高まりもあって、各企業が情報を収集し、活動内容を決定してアクションを起こすようになった。どのような形であれ、企業にとって大切なことは、従業員が災害ボランティアに参加しやすい環境を作ることである。災害ボランティアへの参加をきっかけにその大切さに気づき、個人的に継続して活動する人も多いのではないか。日本では「善行は黙って行うもの」という風潮があり、積極的に「ボランティアに参加してきました」とは言いにくい環境がある。もしかすると自分の周りにもたくさんのボランティアがいるのかもしれない。　（柴田　貴史）

4月に最初のDMATが発足し、防災基本計画などに基づく専門的な研修・訓練を受けた災害派遣医療チームとして活動することとなっている。

また、福祉版の活動としてDWAT（Disaster Welfare Assistance Team：ディー

ワット）が挙げられる。これは、避難所で災害時要配慮者（高齢者や障害者、子ども等）に対して福祉支援を行う民間の福祉専門職（介護福祉士、介護支援専門員、社会福祉士、看護師、理学療法士、精神保健福祉士、保育士、その他介護職員等）で構成され、災害時における長期避難者の生活機能の低下や要介護度の重度化など二次被害防止のための活動を行うチームのことである。

ほかに専門性を伴う活動として、防災士がある。防災士は日本防災士機構による認証資格で、2021年5月末日現在、全国で累計21万1,330人が認証されている。「自助」「共助」「協働」を原則として、社会の様々な場で防災力を高める活動が期待されており、そのための十分な意識と一定の知識・技能を修得している。その具体的な役割などについては、3章2節で取り上げている。

（3）災害ボランティアの立ち位置は？

これまで災害ボランティアは多様な救援・復興支援活動に携わってきた。甚大な自然災害が立て続けに起こる一方で、様々な災害ボランティア活動が展開され、そのノウハウが蓄積されていることもまた事実である。ボランティアに関する詳述は次節以降となるが、本節の最後にその立ち位置を確認したい。

本節（1）でみたように、図4-1の縦軸すなわち「自助・共助・公助」における災害ボランティアの位置づけは、繰り返しになるが「共助」となるだろう。制度の有無にかかわらず、自分や家族以外の「誰か」の命を守り、生活を支え、そうした活動を通して「誰か」の存在が「ほかならぬあなた」に変わっていくのが、ボランティアの醍醐味ではなかろうか。

他方、(2) で考えた「専門性の有無」だが、ボランティアが取り組む活動やボランティア活動に取り組む個人の専門性についても考えたい。災害直後に災害ボランティアセンターを訪れると、様々なボランティアと出会うことができる。老若男女というくくりだけでは語り切れない多彩さだ。当然、重機操作の有資格者や看護師などの専門家がボランティアとして活動に参加することもあれば、他地域で暮らす若者や近隣で暮らす地域住民がいても立ってもいられずその担い手になることもある。つまり、ボランティアは「共助」を支える重要な担い手の1つであるとここでは捉えたい。そして、詳しくは後述するが、ボランティアの行動原理として、専門性の有無以上にいても立ってもいられないという気持ちが重視されることも押さえておきたい。

前出の内閣府（2019）では、「行政を主とした取組だけではなく、国民全体の共通理解のもと、住民の「自助」「共助」を主体とする防災政策に転換していくことが必要」とされ、静岡県焼津市（2017）『共助のてびき・自助』や宮城県大和町（2018）『大和町防災ガイドブック』など自治体が発行する啓発資料などからも、「自助」や「共助」への期待が高まっていることは自明である。行政を主とした取り組みとしての「公助」は、限られた人的・物的資源を広くあまねく提供する性質上、災害の規模が大きくなればなるほど、質量ともに十分でない資源しか提供できなかったり、そもそも状況の全体像を把握するのに時間を要したりと、大規模災害が頻発する昨今、その限界が露呈しているといわざるを得ない。その一方で、これは「公助」の役割が縮小し、いずれなくなるものではないという点に注意したい。特定の誰か、特定のセクターに過度に依存することなく、それぞれの担い手がそれぞれの「できること」から実践していくことが、災害救援・復興支援活動の豊かさにつながるのである。

2 ▶ ボランティアとは何か

1995年1月17日に起こった阪神・淡路大震災。死者は6,436人に達し、当時、戦後の自然災害としては最悪のものであった。このとき、甚大な被害を受けた多数の被災者を支援するために、全国各地から延べ200万人以上のボランティアが集まった（兵庫県県民生活部ウェブサイト）。のちに、この年はボランティア元年と呼ばれ、2001年には日本政府の主導で「国際ボランティア年」と定められた。2011年に起こった東日本大震災でも多くのボランティアが多彩な取り組みを展開し、2018年1月までに岩手・宮城・福島の3県で延べ150万人以上が活動している（全国社会福祉協議会「東日本大震災岩手県・宮城県・福島県のボランティア（2018年3月掲載）」より）。

本節では、ボランティアという言葉が持つ意味について考えてみよう。

（1）ボランティアの理解

ボランティアという言葉は、英語のVolunteerが翻訳されずにそのまま日本語（外来語）として定着したものである。この言葉が日本の国語辞典（『広辞苑』第2版，岩波書店）にはじめて載ったのは1969年だが、それから約40年後の2007年に文化庁が実施した「国語に関する世論調査」によると、認知度（「聞いたこと、または見たことがある」）が95.4%、理解度（「分かる」「何となく分かる」の合計）が94.7%、使用度（「使ったことがある」）は85.4%であり、いずれも高い数字であった。「ボランティア」が現代社会において広く周知され、単なる社会現象としてではなく、社会を構成するシステムの一部、あるいは価値として認識されているといえよう。

一方で、ボランティアという言葉は研究者や活動者によって捉え方が異なるため、しばしば極端に抽象化されてもきた。例えば、ボランティアという言葉で環境保全活動と生活困窮者支援活動の両方を語ることができるものの、両者の活動の対象や内容は大きく異なる。同時に活動者による言葉は自身の活動が起点になっており、環境保全の活動者がボランティアを語る際、生活困窮者支援やその他の活動を視野に入れることは容易ではない。こうした点について、廣瀬（2013）は、実践家は自らの活動内容や方法、意思に影響されて説明すると指摘した。その上で、ボランティアという言葉が持つ本質的な意味や意義について、国の答申や報告、筒井（1998）らによる先行文献から、「自発性・主体性」と「社会性・公益性」という言葉で示している。

Volunteerの接頭辞であるVolはラテン語を語源とし、これは英語のWillを意味している。Willという英単語（名詞）は「意志」という意味を持つことからもわかるように、ボランティアという言葉を説明する上で「自発性・主体性」は必要不可欠な概念である。

近年、労働者に不当な労働を強いる企業が揶揄されることが増えており、そうした流れもあってか、本間龍（2018）『ブラックボランティア』が発行されると、メディアなどでは東京オリンピック・パラリンピック（東京2020大会）における無償ボランティア制度が、その象徴として語られるようになった。その本間は、ボランティアという言葉そのものには本来「無償」という意味は含まれていないことを指摘し、その上で「一生に一度」「熱意」などのフレーズを使いながら、巧妙に約11万人の無償ボランティアを大規模な商業イベントとしての東京2020大会に「動員」しようとする動きを痛烈に批判している。

19世紀イギリスのセツルメントにおける救貧活動に今日のボランティアの萌芽を見ることができるという指摘がある（早瀬・筒井著，日本ボランティアコーディネーター協会編 2017）が、相手から対価を得ることは考えられず、当然のごとく活動は無償であった。そうした活動が日本国内で広がっていく過程において、主にそうした力を活用したい人々がボランティアを無償の労働力であると都合よく捉えてきた過去があることは否めない。しかしながら、前述してきた通り、ボランティアの魅力や価値は「自発性・主体性」あるいは「社会性・公益性」にある。「無償性」という特徴は、金銭的な保障の有無にかかわらずこうした魅力や価値のある活動に参加する際に生じるもので、いわば結果論に過ぎないことに注意が必要だ。まして、公的機関がボランティアをいわば下請けと見なすようなことは、言葉の本来の意味を考えると望ましくない。

（2）「ボランティアになる」ということ

当たり前といえば当たり前なのだが、ボランティアとしてこの世に生まれ落ちる者は誰もいない。何らかのきっかけがありボランティアに「なる」のである。ここではそのプロセスを概観していこう。

1）「放っておけない」「我慢できない」という気持ちが形になる

上述した通り、阪神・淡路大震災では全国各地から延べ200万人以上のボランティアが集まったが、その多くはメディアなどで報道される惨禍に心を痛め、「自分ができることで役に立ちたい」という気持ちを現地で活動するという行動で示した人たちであった。また、その中には見ず知らずの人が困っている状況にいても立ってもいられず、遠くからはるばる駆けつけた者もいた。当時、被災地から約600キロメートル離れた栃木県でも「ボランティアバス」が市民グループによって企画され、多くのボランティアが被災地に向かった。

こうした気持ちになるのは災害時に限ったことではない。十分な食事を摂ることができない子どもに対して「子ども食堂」という形で栄養バランスのとれた食事と安心して過ごせる居場所を提供したり、山間の豪雪地帯で暮らす独居高齢者宅に「雪かきボランティア」として都市部の若者が駆けつけたり、いずれも「誰かを助けたい」「何かの力になりたい」という気持ちが行動すなわちボランティアという形となったものである。

近年では、気持ちを形にする方策としてボランティアだけでなく、寄付も注目されている。日本ファンドレイジング協会（2015）は、東日本大震災関連の寄付は発災後1年間で約5,000億円が集まったことを報告している。またクラウドファンディング（インターネットを通じて不特定多数の人に資金提供を呼びかけ、趣旨に賛同した人から資金を集める方法）などの新たな手法による資金調達に取り組むボランティア団体も見受けられ、活動や社会課題への参加の仕方が多彩になっているといえよう。

2）ボランティアになることを後押しする小さな工夫

ボランティアという言葉が一般に浸透してきたことは前述の通りだが、その一方で、災害救援の活動に限らず、ボランティア活動全般にいえることとして、様々なハードルの高さが感じられているのは否めない。内閣府（2017）によると、2015年の1年間にボランティア活動をしたことがある者は17.4％となっており、前述した言葉の認知度や理解度、使用度と比べると相当な隔たりがあるように感じる。同じ調査によると、参加の妨げとなる要因として最も割合が高かった回答は「参加する時間がない」（53.8％）で、2番目には「ボランティア活動に関する十分な情報がない」（39.8％）が続く。

2019年10月に発生し、のちに「令和元年東日本台風」と名づけられる台風19号による水害では、延べ19万6,740人のボランティアが災害ボランティアセンターを通して活動した（2020年4月末現在）。一方で、被災地域が広範囲に及んだがゆえに、メディアなどでは「ボランティア不足」という表現も用いられた。ここまで見てきた通り、ボランティアの魅力や価値は「自発性・主体性」あるいは「社会性・公益性」にあり、誰かが定めた一定数を充足するものでもなければ、単なる労働力でもないことを理解しておきたい。むしろ、このときに不足していたのはボランティアの数ではなく、多くの人が活動に参加したくなるようなボランティアプログラムを開発する能力ではないかという指摘もされている（早瀬

2019)。

阪神・淡路大震災で脚光を浴び、東日本大震災以降、災害ボランティアの存在は一気に定着してきたものの、その活動としてイメージされるのは、主に家財道具の片づけや泥出しといった重労働ではないだろうか。ボランティアプログラムを開発する上で重要なのは、片づけや泥出しといった目の前の課題への対応と同時に、様々な動機で活動に参加しようとする人が「やってみたい！」と思える、そして一度参加した人が「また参加したい！」と思えるプログラムをいかに多様に創出できるか、ということではないだろうか。

前述した2019年台風19号による水害において、栃木県宇都宮市では地元のNPO法人が中心となり、川岸の欄干に絡まった枯草を除去する活動を実施したが、その際、所定の時間内であれば自分の都合（出入り自由）で参加できるものとした。また、同市の災害ボランティアセンターを通して活動に参加したとある30代女性は、自身の知人である大学生を誘ってきたとのことだったが、その意図として「知り合いと一緒に活動することで、少しでもボランティア参加へのハードルを低くすることができればと思い誘った」と語ってくれた。被災者だけでなく、ボランティアにも寄り添うことのできるコーディネーションが重要である。こちらについては3節で詳述する。

（3）ボランティア活動の諸相

ここからは、災害復旧・復興の現場でどのようなボランティア活動が行われているのか、その諸相を概観していきたい。なお、ここで紹介するのは災害ボランティアの一端にすぎず、災害の種類や規模、そして地域の特性や被災地住民のニーズなどに応じて多彩な活動が行われているということを念頭に置いてほしい。

1）被災者と活動者をつなぐ災害ボランティアセンター

前述したように、阪神・淡路大震災でその活躍に注目が集まり、東日本大震災以降その存在が定着しつつある災害ボランティアだが、そうした人や活動を下支えする役割として、大規模な災害時には災害ボランティアセンター（災害VC）が被災地に設置される。災害VC設置にあたっての統一的な基準はないものの、近年では大規模災害時の設置が一般的になっている。

その災害VCについて概要を説明しよう。災害VCとは、被災地におけるボランティアによる復旧や復興に資する活動を円滑に進めるための拠点であり、2004年の中越地震の前後からその設置が一般的になってきた。その多くは被災地の社会福祉協議会（社協）が設置するが、社協だけでなく地元のNPOや青年会議所が運営に参画するケースもみられる。中央共同募金会（2009）によると、災害VCは被災地の福祉センターや行政施設などの一角に設けられることが多く、設置社協の職員等中核的に災害VC運営にかかわる人たちが常駐するほか、被災地のある都道府県社協、近隣の社協や社協の全国ネットワークからの支援が入ることもある。全国的な災害NPOや近隣のNPOなどがその運営支援に駆けつけることもある。また、全国社会福祉協議会（2016）によると、その目的として「近隣住民の助け合いだけでは対応できない規模の災害時に開設し、ボランティアの力を借りて被災者支援や復旧・復興に向けた地域支援を行うためのもの」とされ、運営の3原則として「被災者中心」「地元主体」「協働」が掲げられている。災害VCの役割としては、専門NPO等の協力を得て、行政をはじめとした関係諸機関との連絡・調整、被災者からのニーズの把握とボランティア活動のマッチング、資機材の調達、情報発信等、被災者支援活動にかかわる様々な調整を行うとされている。

2011年11月の全国社会福祉協議会調査によると、東日本大震災の際には関東・東北地方の1都16県だけでも173の災害VCが設置された（全国社会福祉協議会（2012）「東日本大震災災害ボランティアセンター報告書」）。多くが市町村域での設置だが、災害の規模や当該市町村の地理的事情により複数の災害VCが設置される市町村もみられた（サテライト設置含む）。加えて、それらの情報を取りまとめたり、大人数のボランティア受け入れを包括的に調整したりする役割の災害VCを都道府県域で設置するケースもあった。また、2019年の台風15・19号の際には14都県であわせて112の災害VCが設置されている（2020年1月26日時点、全国社会福祉協議会調べ。なお、災害VCの名称を使わずにボランティアを受け入れた社協を含み、都県域の災害VCを含まない）。

災害VCは、「災害ボランティアに行きたい」または「災害ボランティアに来てほしい」という両方の気持ちを受け止める場であり、特に前者については、被災地以外から災害ボランティアに訪れる際の窓口として有効に機能している。後者については、設置者の多くが当該地域（市町村）の社協であることから、平常時の地域福祉の推進に関する業務で知り得た情報や構築した人間関係をベースとする、迅速かつ温かみのある支援が期待されている。社協は、民間の社会福祉活動を推進することを目的とした営利を目的としない民間組織で、社会福祉法に基づき設置されている。具体的な活動として、高齢者や障害者の在宅生活を支援するための各種の福祉サービスや相談活動、ボランティアや市民活動の支援、共同募金運動への協力などが挙げられる。

２）被災した住家などでの活動

災害の種類にかかわらず、ひとたび規模の大きな災害が発生すると日々の暮らしの拠点たる住家も様々な被害に見舞われる。地震により窓ガラスやブロック塀、屋根瓦が破損し、家財道具が散乱し、あるいは豪雨や津波により家屋内に水や泥が入り込み、生活が継続できなくなった住家を訪問して片づけや泥出しを行う活動は、発災直後から必要とされている。専門的な知識や技能を必要とせず、体力がある人向けの活動であるが、2019 年の台風 15 号や同 19 号での風水害では、屋根のブルーシート張りや住家の床下での泥出しなど特定の作業を重点的に担うボランティアも見られた。分化により作業がはかどることが復旧につながると捉えられる一方で、作業そのものや技術の研鑽が目的化し、被災住民の気持ちやニーズとかけ離れる活動になっていないか、またそうした活動で収入を得ている事業者との役割分担にも注意を払う必要があるだろう。

なお、令和２年７月豪雨の際に内閣府から各都道府県に対して発出された文書では、行政や民間事業者、ボランティア等が連携した熊本県人吉市等の事例が挙げられている。これまで主にボランティアが行っていた被災家屋内からの災害廃棄物や土砂の搬出を自治体等の公共事業（災害廃棄物処理事業や堆積土砂排除事業）として地元民間事業者等に委託して行った。これは、新型コロナウイルスの感染拡大防止の観点から災害 VC 等におけるボランティアの受け入れが十分にできないことに起因している。また、災害ボランティアの活動現場でしばしば語られることであるが、ボランティアにとっては災害ゴミにしか見えないものであっても被災住民（住人）にとってはかけがえのないものである場合もあり、これもまた彼らの気持ちやニーズに寄り添った活動でありたい。

さらに、こうした被害は住家に限ったことではなく、商業施設や農漁業者への支援にも目を向けたい。いわゆる「生業」に対する支援も重要な災害救援・復興の活動であるものの、これらは産業支援と捉えられるきらいがあり、災害VCが対象とする支援先からは外されることがしばしばある一方で、それとは別にNPOなどによる支援も見受けられる。支援の対象を選別しているということではなく、災害VCの設置者や活動主体の特性に応じたアプローチの仕方の違いと理解したい。

3）避難所などでの活動

避難所は、発災直後の生活の場であり、ボランタリーな活動であるかどうかにかかわらず、様々な支援が集まる場でもある。ボランティアによる活動の具体例を挙げると、炊き出しによる食事の提供や健康指導、専門家による相談窓口の開設などがある。突然不自由な生活を強いられる避難者を温かくも力強く支えるためのサポートである。そして、不自由な中でも日常により近い生活を送るためのサポートとしては、おやつを口にしながら避難者同士がおしゃべりできる場や、足湯やマッサージスペースなどを設け、リラックスして愚痴や悩みごとを吐露できる場を提供しているボランティア団体もある。

ここで注意したいのは、一口に避難所といっても規模や運営形態はそれぞれ異なる点である。場所が体育館であったり集会所であったり、また住民により運営されているところもあれば、地元の自治体職員が交代勤務で運営にあたっているところもある。避難者だけでなく避難所運営者も様々な思いを抱えながらその役割を果たそうとしている。ボランティアら支援者の考えややり方を一方的に押しつけるのではなく、何よりも避難者・避難所運営者・支援者が対立せずに、協働して難局を乗り切る姿勢を大切にしたい。

また、災害救援・復興の活動をするにあたっては、在宅避難者や車中泊による避難者の存在にも注目すべきであろう。自宅の損壊の程度が比較的軽かったり、病気や障害により集団生活をするのが困難な状態であったり、様々な事情によりそうした避難の形をとる人も一定数いる。彼らは被災者であるにもかかわらずその存在が見えづらく、食事の提供などで避難所に足を運んでもらうだけでなく、こちらから赴くアウトリーチ型のサポートも必要不可欠である。

4）被災地に行かなくてもできる活動

災害救援・復興の支援活動に興味・関心があっても、なかなか参加ができないという声はよく聞かれる。全国各地で頻発する災害のたびに被災地に出向いてボランティアとして活動することは不可能である一方、近年の情報インフラの発展などにより、被災地に行かなくてもできる支援活動もバリエーションが豊富になってきている。

伝統的な支援活動ともいえる募金や寄付も、前述のクラウドファンディングやふるさと納税の仕組みを活用することにより、自宅のパソコンやスマートフォンから簡単に「託す」ことができるようになっている。また、災害時・平常時を問わず様々な寄付つき商品が開発されるようになっており、義援金や活動支援金につながる商品は今後も増えていくだろう。

例えば、あるアウトドア用品メーカーでは、商品の売上の一部を東日本大震災の復興支援プロジェクトを行うNPOに寄付しており、商品の中にはこのプロジェクトのシンボルマークを模したものもある。寄付つき商品ではないが、また別の企業では店頭で集めた募金と同額を上乗せ（マッチングギフト方式）して被災地で活動するNPOに寄付をしている。また、任意の自治体に対する寄付の側面を持つふるさと納税による自治体を通じた寄付は、寄付者に税制上の優遇があることが特徴の１つである。

寄付のほかに、もう１つの伝統的な支援活動である物資提供による支援にも、新たな展開が見られる。必要な物を、必要な数、必要なところに瞬時に届けるため、通信販売サイトのいわゆる「欲しいものリスト」をインターネットなどで公開する仕組みである。被災地入りした外部からの支援者が、被災者や災害VCで欲しいもののニーズを収集し、被災地から離れたところにいる支援者がそれらを集約し、通信販売サイトで公開して支援を募るという動きも見られる。これらは、被災地で必要とされる物資を既存の物流網を活用して直接的に届けられるだけでなく、専門的なスキルや経験がなくても、基本的なITスキルさえあれば可能な支援といえる。また、こうした方法を含めて、効果的な情報を発信する活動も、被災地と自身の暮らす場の距離に関係なくできる支援といえよう。

また、新型コロナウイルス感染症（COVID-19）の世界的な流行について全国

コラム4－2　被災地に「行けない」災害救援・復興支援活動

新型コロナウイルス感染症（COVID-19）は、災害ボランティアにも影響を及ぼしている。災害時には、被災地から離れたところから駆けつけるボランティアも多くおり、彼らが感染症を被災地に持ち込むこと、あるいは被災地から持ち帰ること、そして活動を通して被災者やボランティア同士が接触することにより感染症を拡大させることが危惧されている。

全国社会福祉協議会が2020年6月1日（2021年6月10日更新）に公表した「新型コロナウイルス感染が懸念される状況における災害ボランティアセンターの設置・運営等について：全社協VCの考え方」によると、ボランティアの募集のポイントとして以下の3点が挙げられている。

①感染拡大の懸念がある期間は、広域に幅広くボランティアの参加を呼びかけることは行わない。

②感染拡大の懸念がある中で、社会福祉協議会の災害VCでボランティアによる支援活動を行わざるを得ない場合は、募集範囲を顔の見える範囲（近隣住民）から当該市区町村域程度までに制限することが適当。

③被災市区町村での対応が困難で、近隣市区町村域や県域にボランティア募集を拡大する場合は、被災地域の住民の意見をふまえるとともに、行政、医師や保健所など専門家の意見をふまえて判断する。

災害ボランティア支援団体ネットワーク（JVOAD：ジェイボアード）が2020年6月1日に発表した「新型コロナウイルスの感染が懸念される状況におけるボランティア・NPO等の災害対応ガイドライン」では支援を行うにあたり、装備、保険、活動への制約など、新たに気をつけるべき主なポイントが指摘されている。各所で「新しい生活様式」が叫ばれ、災害ボランティアの現場でも、遠くから駆けつける支援者への依存から内発的な（地元の）活動者の掘り起こしに注力していくという、パラダイムシフトが起こっていると捉えることができよう。

3 ▶ 災害ボランティアを側面的に支える

ここまでは災害ボランティアによる災害復旧・復興活動の具体的なケースをみてきたが、本章の最後に、そうした災害ボランティアを側面的に支える動きを2

点ほど紹介する。

（1）復旧・復興を加速させる三者連携の動き

災害VCを通じた災害ボランティアの活動だけでなく、多様な主体（活動者）による多彩な活動が展開されている。例えば、被災地以外を拠点とするNPO・NGOが被災地に仮設の活動拠点を設け、自らが被災者支援を行うと同時に、一緒に活動するボランティアを募るケースがある。また、被災地の中間支援組織が、社協が設置・運営する災害VCとは別に、災害ボランティアをコーディネーションする拠点を設けるケースも見られる。中間支援組織について、内閣府(2011)「新しい公共支援事業の実施に関するガイドライン」では、「市民、NPO、企業、行政等の間にたって様々な活動を支援する組織であり、市民等の主体で設立された、NPO等へのコンサルテーションや情報提供などの支援や資源の仲介、政策提言等を行う組織」と定義している。

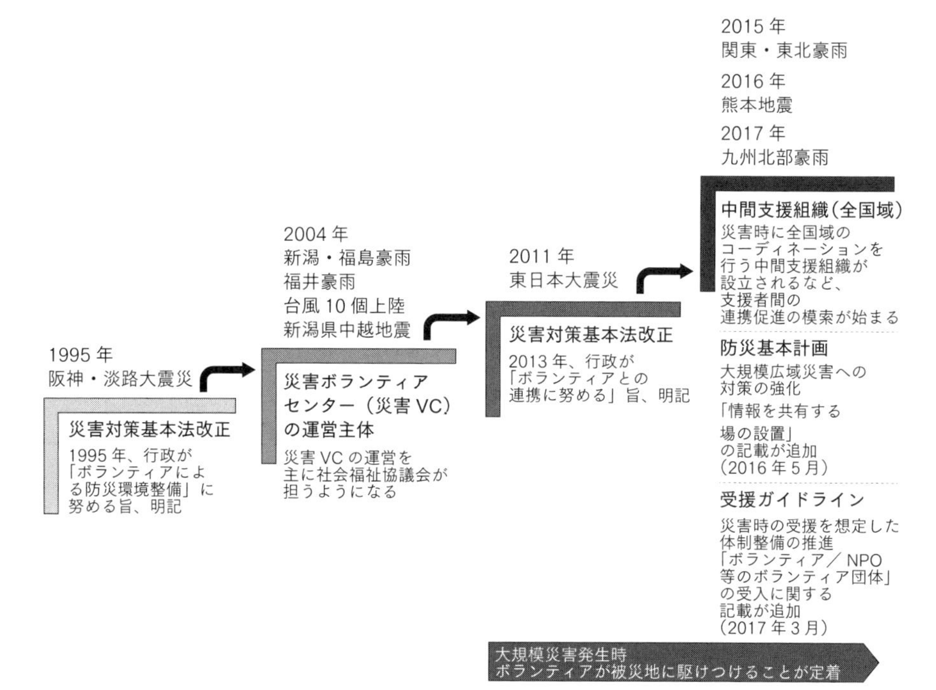

図4-2　大規模災害と災害ボランティアに関する近年の動き
（出典：内閣府（2018）p.7 図1-1を参考に筆者作成）

内閣府は2018年4月に、『防災における行政のNPO・ボランティア等との連携・協働ガイドブック：三者連携を目指して』を発行した。行政職員をはじめ多様な主体が災害時にNPO・ボランティア等と連携する際のあるべき姿を提示し、防災・減災に向けた地域ごとの施策を考える際に役立つ内容となっている。

このガイドブックでは、「行政」「災害VC（社協）」「NPO等とそれを支える中間支援組織」の連携を「三者連携」と総称し、これを具現化する方策の1つとして、情報共有会議による災害ボランティアに関する情報共有・活動調整の重要性を説いている。3章でも取り上げたが、こうした動きは2015年の関東・東北豪雨や翌16年の熊本地震、18年の西日本豪雨などで見られ、いずれも地元の中間支援組織が中心的な役割を担っている。東日本大震災を契機にボランティアが被災地に駆けつけることが定着したが、それ以降ではそうした活動同士を組み合わせ、相乗効果を発揮するために支援者間の連携が期待されている（図4－2）。

（2）ボランティアコーディネーション

災害時にかかわらず、ボランティアを必要とする現場や課題を聞き取り、活動プログラムを立案し、活動者の参加を促す一連の営みをボランティアコーディネーションという。そして、これを専門的に担いながらボランティアの活動を支える者をボランティアコーディネーターという。日本ボランティアコーディネーター協会（JVCA）では、ボランティアコーディネーターを次のように定義している。

> 「一人ひとりが社会を構成する重要な一員であることを自覚し、主体的・自発的に社会のさまざまな課題やテーマに取り組む」というボランティア活動を理解してその意義を認め、その活動のプロセスで多様な人や組織が相互に対等な関係でつながり、新たな力を生み出せるように調整することにより、一人ひとりが市民社会づくりに参加することを可能にするというボランティアコーディネーションの役割を、仕事として担っている人材（スタッフ）のこと。

災害ボランティアの現場におけるボランティアコーディネーションは多岐にわたる。筒井（1990）によるボランティアコーディネーターの役割に関する整理を参考にしつつ、そのプロセスを概観すると次のようになる（図4－3）。

①「受け止める」：被害の状況を確認し、被災者がどんなことに困っているのか、ボランティアが活動することによりその困りごとがどのように解決できるのかを丁寧に聞き取り、アセスメントする。

②「求める」・「創り出す」・「発信する」：参加したくなるような魅力的なボランティアプログラムを開発し、様々な媒体を活用して広く参加を呼びかける。

③「集める」・「まとめる」・「高める」：活動の実態を適切に把握し、今後に活かすためにその様子を量的・質的にまとめ、分析する。

④全体の基盤としての「つなぐ」：これらのプロセス全体を通して、様々な人や物、情報などをつなぎながら課題解決を推進していく。

こうした説明をすると、ボランティアコーディネーターに「需要と供給の調整」「ボランティアの手配師」という印象を持つ人もいるかもしれない。前述のJVCA の言葉を借りると、ボランティアコーディネーションの目的は「一人ひとりが市民社会づくりに参加すること」にある。災害ボランティアは、目の前の泥

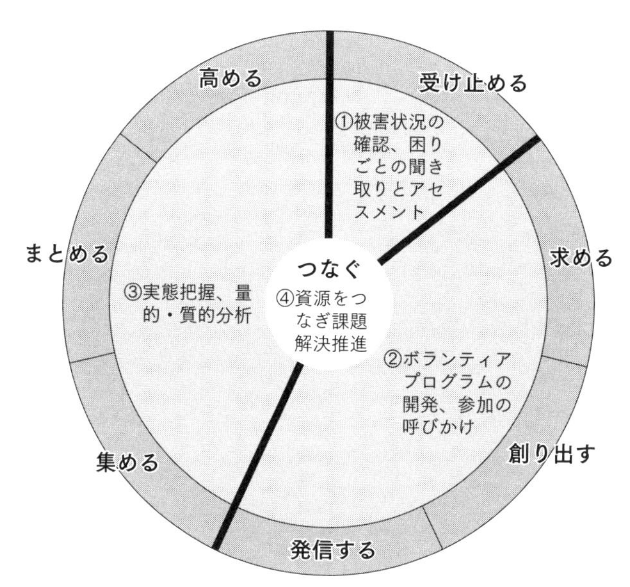

図4-3　ボランティアコーディネーターの役割
（出典：筒井（1990）を参考に筆者作成）

やがれきを片づける作業員ではない。活動が被災者の暮らしの再開につながっているか、活動に参加したボランティアが社会参加や課題解決による有用感を得られているか、そして被災者・支援者関係なく、被災地をはじめとする社会全体がボランティア活動をとおしてより豊かになっているかといった視点も大切にしたい。災害ボランティアと被災者、災害ボランティアと被災地の課題、災害ボランティア同士がつながることにより、新しい「何か」を生み出すことがボランティアコーディネーションの営みである。そして、泥出しや家財道具の運び出し、被災者対象の聞き取り調査や復興イベント、あらゆる活動がそこにかかわる様々な人と地域社会にとって望まれるものとなるよう調整を図るのが、ボランティアコーディネーターの醍醐味ともいえよう。

▶ まとめ

本章では、1節で災害救援・復興支援活動の全体像を確認しつつ、その上で災害ボランティアがどのような位置づけになるのか、理解を試みた。支援活動を自助・共助・公助に大別したとき、災害ボランティアは共助の領域にあるといえる。2節では、ボランティアそのものの意味を押さえながら、災害ボランティアの具体的な事例を概観した。近年では、情報インフラの発展により被災地から離れたところでも様々な支援活動に取り組めることが理解できたのではないだろうか。そして3節では、災害ボランティアの活動を支える仕組みとしての行政・社協・NPO等による三者連携と、それらの包括的な営みであるボランティアコーディネーションについて取り上げた。多様な主体とつながることにより、災害時の課題解決を加速させたいものである。

報道やSNSなどを通して見聞きしたこれまでの災害について思い出しながら、今後の災害時に自分自身にできることは何かを主体的に考えてみよう。

参考文献

1) 国家公安委員会・警察庁（2019）『令和元年度警察白書――緊急事態への備えと対応』
2) 消防庁（2011）『平成23年版消防白書』
3) 菅磨志保（2011）「日本における災害ボランティア活動の論理と活動展開」関西大学社会安

全学部編『社会安全学研究』創刊号
4）全国社会福祉協議会（2016）『災害ボランティアセンターの支援体制の強化に向けて』
5）筒井のり子（1990）『ボランティア・コーディネーター――その理論と実際』大阪ボランティア協会
6）筒井のり子（1998）『施設ボランティアコーディネーター』大阪ボランティア協会
7）栃木県・宇都宮大学編（2019）『災害時ボランティア活動実態調査報告書』栃木県
8）内閣府（2017）『平成28年度市民の社会貢献に関する実態調査報告書』
9）内閣府（2018）『防災における行政のNPO・ボランティア等との連携・協働ガイドブック：三者連携を目指して』
10）内閣府（2019）『令和元年版防災白書』
11）日本火災学会（1996）『1995年兵庫県南部地震における火災に関する調査報告書』
12）日本ファンドレイジング協会編（2015）『寄付白書2015』
13）早瀬昇「何が『不足』しているのか」「Co☆Co☆Net：JVCA（Japan Volunteer COODINATORS Association）News Letter」第58号，日本ボランティアコーディネーター協会
14）早瀬昇・筒井のり子著，日本ボランティアコーディネーター協会編（2017）『ボランティアコーディネーション力――市民の社会参加を支えるチカラ（第2版）』中央法規出版
15）廣瀬隆人（2013）「ボランティアとは何か」田中雅文・廣瀬隆人編著『ボランティア活動をデザインする』学文社
16）兵庫県県民生活部「阪神・淡路大震災一般ボランティア活動者数推計」（https://web.pref.hyogo.lg.jp/kk41/wd33_000000144.html　2021.4.21閲覧）
17）本間龍（2018）『ブラックボランティア』KADOKAWA
18）防衛省（2019）「平成30年度自衛隊の災害派遣及び不発弾等処理実績について」（統合幕僚監部報道発表資料）

▶ 課題に挑戦してみよう！

□ ① 本章で取り上げたもの以外の災害救援・復興支援活動を挙げてみましょう。また、その活動主体や連携相手も挙げてみましょう。

□ ② 災害時にボランティアが必要とされる背景について、行政や企業に求められる役割との違いを明確にしながら詳しくまとめてみましょう。

□ ③ 友だちを誘って参加したくなる災害ボランティアのプログラムを考えてみましょう。その際、自分の住んでいるところの近くが被災した場合と、駆けつけるのが難しい遠く離れたところが被災した場合とをそれぞれ考えてみましょう。

マイキーズ・アイ！ 〜柴田貴史さん（鹿沼市社会福祉協議会）に聞いてみよう〜

被災者から支援者へ――避難所でのエピソード

Q1 被災された方は大変だから、できるだけ代わりにやってあげるのがボランティアですよね？

どの被災地にも、災害発生前から被災時にすべき役割のある人とそうでない人がいます。自治会の役員や自主防災会、消防団など避難所運営にかかわっている人と、一般住民といってもいいかもしれません。ひとたび災害が発生すると、役割のある人はマニュアルに従って、訓練と同じように行動します。しかし、当たり前のことですが、「実際に経験する」と「ある程度話を聞いている」、「何も知らない」とでは大きな差が生まれてきます。被災状況により何をしていいかわからなくなる人もいます。

そういうときに、被災者がボランティアになるということが起こります。「これをやったら、喜ぶんじゃないかな。たくさんの人が助かるんじゃないかな」と支援プログラムの必要性や重要性に気づき、積極的に活動する人、「誰もやってないから仕方ない、やるか」と消極的ながらも気づき活動する人、「手伝ってほしい」と誘われたから、何もやることがなくて暇だからやってみる人、など、個人的に様々な理由において被災者がボランティア化することがあるのです。外から来た人だけがボランティアだと思い込んだら大間違いなのです。

Q2 被災された方にまかせて良かったという事例を教えてください。

自治体担当者と避難所に行ったとき、ある女性から「やることがなくて暇だ。家に帰れる人は片づけとかあるけれど、道が寸断しているので私は家に戻れない。みんな忙しそうにしているから申し訳ない。避難所にいづらい。まあ、地元じゃないあんたに話してもしょうがないけどね」という言葉を聞きました。そこで、仲間たちと話し合い、鍋や食材、プロパンガスなど必要なものだけを届けて、調理は避難者の人たち自身にやってもらうことにしました。できることはやってもらう。これはただの役割分担を超えた、人間の尊厳に近いものかもしれません。

当初、こうしたことをやってくれる人をどのように募集すればいいのかわからなかったのですが、ボランティアで来たものの、普段料理などしない若者が右往左往していると、「ちょっとあんた大丈夫？　こうやるんだよ」と何人もの人が集まってきてくれました。「僕たち、けんちん汁の味つけがわからないので協力して」と誰かに言うと、「私1人じゃいやだから、一緒にやろうよ」と声をかけあい、人が集まってきました。しばらくすると、その避難所で当番のようなものができあがり、いつの間にか主導権は地元の人たちに。料理という役割のせいか、最初のうちは女性が多かったものの、大きな鍋の洗浄やプロパンガスを運搬する際には男性も手伝うようになりました。ときには献立に地元の人が採ってきた山菜やキノコが入り、地元のなじみのある食材に笑顔が生まれました。ボランティアだけで調理をするのではなく、調理ができる環境を提供することを重視し、一緒に調理を手伝ってもらえる人を増やすほうが、単に料理を提供するより会話が生まれることに気づかされました。

Q3 あらためて、災害ボランティアの心構えとして忘れてはならないことを教えてください。

炊き出しに限ったことではないのですが、ひとくくりに被災者といっても地元のため、家族のため、会社のため、自分のためなど様々な理由で「被災しながらも地元のために頑張っている」人がたくさんいます。被災者自身が自分たちの手で日常を取り戻すための活動を奪ってまで支援活動を押しつける必要はないと思います。ボランティア活動は、ややもするとやりたい気持ちが前に出すぎて、「何でもやります！　かわいそうな被災者さんは休んでいてください」と相手の事情を考えずに活動してしまう人もいます。こうした姿勢は、被災しながらもがんばっている被災者を、「私はかわいそうなんだ」と追い込み、何もさせないように仕向ける危険性をはらんでいます。被災してもできることはありますし、何か動いているほうが気がまぎれるという人もいます。被災者は災害という事象により、環境や状況が整っていないために、一時的に日常生活を営むことができないだけで、「すべてのことができない、何もできない」人ではありません。ときには被災者が「大丈夫」と言ったら、それ以上は介入せずにそっと見守ることも大切です。それを言ってもらえる関係性がまだないのであれば、とりあえずは間接的に支援することでもいいのではないでしょうか。

災害ボランティアは、「被災しながらも頑張っているすべての人（被災者全員）が疲れないように、彼らを応援する人と仕組み」であり、相手との話し合いなくして活動はできないと考えています。

1人で自宅にいるときに巨大地震が起こり、けがをしてしまって動けない。行政や救助隊は助けに来てくれるだろうか。おそらくすぐには来てくれないだろう。4章1節で紹介したように、阪神・淡路大震災では公助による救出は2割程度に過ぎなかった。このことは、特に大災害発生直後には、「自らの安全は自ら守る」という自助と、「自分たちの地域は自分たちで守る」という共助が極めて重要だということを伝えている。自らの防災意識を高めるとともに、いざというときに備えて、身近な地域で防災に取り組む組織や活動が必須なのである。本章ではまず、共助の核として法律に規定されている「自主防災組織」について理解する。その上で、平常時からどのような備えが必要となるのかを考える。また、災害に備えるためには、地域の多様な団体の連携が不可欠であるが、どのような団体が存在し、どのような活動を行っているのかを確認する。そして、自主防災組織の活性化の方法や新しい防災活動などについても紹介する。

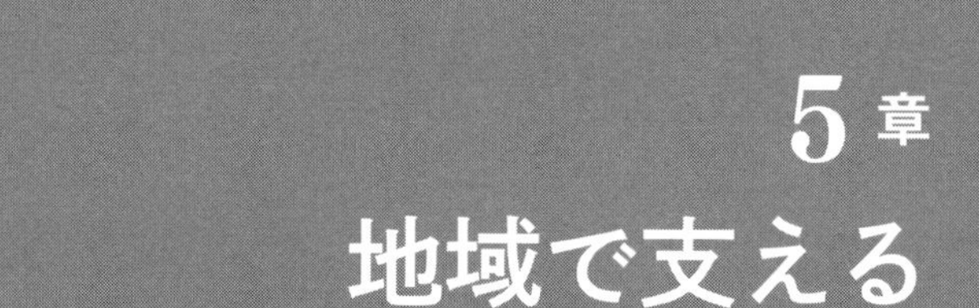

5章 地域で支える

石井 大一朗

1 ▶ 防災に取り組む身近な組織と活動

身近な地域社会において、災害時や平常時に防災活動を行う組織や活動にはどのようなものがあるだろうか。図5-1を見てみよう。日頃から防災に専門的に取り組む組織から、発災時や避難訓練などの際に連携・協力する組織まである（防災専門－防災非専門の軸）。また、災害対策基本法などの法律や制度に位置づけられ、補助金を得て活動するものから、そうした位置づけはなく、住民が自由に組織し活動したり、企業が社会貢献の一環として自発的に活動するものもある（公共セクター－民間セクターの軸）。そしてこれらの組織は、近隣や自治会のように小地域を対象とするものから、小学校区程度の範囲を対象とするもの、さらには広域で活動するものまである。

そうした中でも地域における防災の核になるのが、災害対策基本法に規定される「自主防災組織」である。自治会・町内会（以下、自治会）の一部門として組

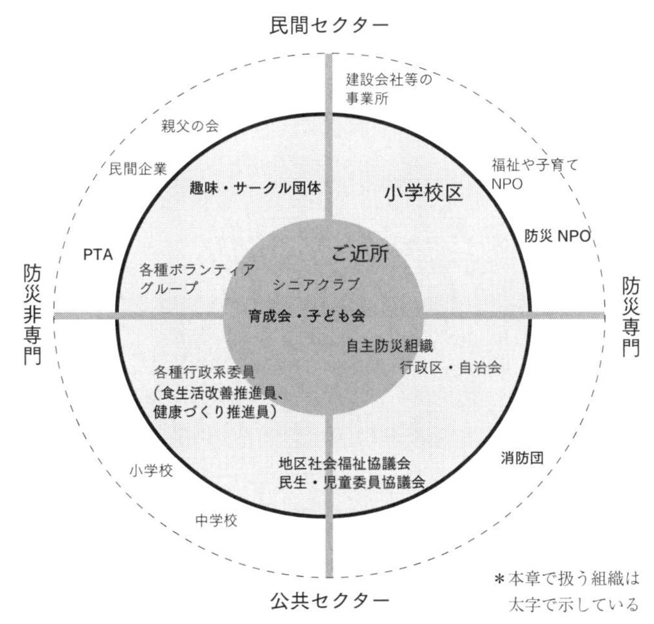

図5-1 災害時や平常時に地域の防災活動を行う組織
（筆者作成）

織される場合が多い。また、近年では法律に位置づけられる自主防災組織とは異なり、自主グループを作って防災活動を行う例も見られる（コラム5-4、5-5）。

（1）自主防災組織を理解する

1）法律上の位置づけ

自主防災組織については、災害対策基本法（1章1節(1)参照）総則第5条（市町村の責務）で、「市町村長は、前項の責務を遂行するため、消防機関、水防団（本章1節(2)の5)参照）等の組織の整備並びに当該市町村の区域内の公共的団体等の防災に関する組織及び住民の隣保協同の精神に基づく自発的な防災組織（第8条第2項において「自主防災組織」という）の充実を図り、市町村の有するすべての機能を十分に発揮するように努めなければならない」と定められている。また第8条では国、地方公共団体に自主防災組織の育成、ボランティアによる防災活動の環境の整備その他国民の自発的な防災活動の促進に関する事項を求めている。

災害対策基本法に基づく「防災基本計画（1章3節参照）」では次の箇所で明示されている。第1編・総則第2章「防災の基本方針」では、「国民の防災活動を促進するための住民への防災思想・防災知識の普及、防災訓練の実施、並びに自主防災組織等の育成強化、ボランティア活動の環境整備、企業防災の促進等」の方針を定めることを、国・公共機関・地方公共団体・事業者・住民に求めている。また、第2編の震災対策編「国民の防災活動の環境整備」では、「地方公共団体は、自主防災組織の育成、強化を図るものとする。このため、組織の核となるリーダーに対して研修を実施するなどにより、これらの組織の日常化、訓練の実施を促すものとする」としている。こうした災害対策基本法や防災基本計画を受けて、各地方公共団体（都道府県・市町村）は防災条例や地域防災計画に、自主防災組織に関する具体的な役割や支援の内容などを定めている。

上記の法律の文章を読んで、違和感を持つ人もいるのではないだろうか。行政がリーダーシップを発揮して必要なことをすべてしてくれそうである。現実はそうではないし、それでは自分たちの身を自分たちで守ることはできない。この法律の要点は、住民自らが、自分たちで身を守ることができるよう、県市町村行政や政府（以下、行政）が支えるということであろう。つまり、行政が自主防災組

コラム５－１　補完性の原理

「補完性の原理」は、起源を辿ると、1891年にローマ教皇レオ13世が行った社会回勅（社会・労働問題に対し、教会が示す見解）がはじめとされる。そこでは人間の尊厳を個人の主体性に求めた上で、「決定はできるだけ身近なところで行われるべきである」との見解を示している。日本においては、地域主権改革が進められる中、この補完性の原理は、①個人でできることは個人で解決する（自助）、②個人でできないことは家族が支援する（互助）、③家族が支援できないことは地域コミュニティが支援する（共助）、①～③で対応できない事案については行政主体で支援する（公助）という、自己決定における重層構造を示すものとして知られるようになった。重要な点は、“人間１人ひとりの持つ力を、より権力のあるものが削いではいけない”、あるいは、“１人ひとりが持つ力を発揮できるよう支援する、その力が十分でない場合は育む”という視点である。これは、単に個人に任せればよいということではない。ニーズを持つ当事者やその周辺が解決する力を持てるよう支援しなくてはならないのである。ここが補完性の原理の肝である。防災や減災においては、こうした補完性の原理の考えに基づいた対策を進めなくてはならない。

織を作ったり、地域の実情に合った防災訓練をしたりするわけではない。住民主体で十分な防災マップが作れない、訓練を見直したいとなれば、行政はそれを積極的に支援するのである。住民が主体となり、行政と上手に連携・協働し、防災の力を地域で高めていく姿勢が大切である（コラム５－１を参照）。

２）自主防災組織の増加と実際

1995年の阪神・淡路大震災をきっかけとして、防災行政の最重要事項と認識されて以降、市町村が力を入れ、自治会を中心に組織された自主防災組織の組織率は急増している。災害時のみならず、平常時から近隣の防災活動を支えるのが自主防災組織である。

内閣府発行の『令和３年版防災白書』によれば、全世帯のうち自主防災組織の活動対象範囲に含まれている地域の世帯数の割合（以下、カバー率）は、この15年間で20%ほど上昇しており、84.3%である。例えば、自治会が自主防災組織を設立しているのであれば、その自治会の対象範囲に居住する人は、自治会に加入しているいないにかかわらず対象となることがほとんどである（自治会に加入している場合としていない場合で日常的に得られる情報に差が生じることはある)。また自治会がない地域であっても自主防災組織を設立することは少なくなく、自主防災組織の対象範囲に居住していれば対象となっている。カバー率84.3%の数字だけを見れば、自主防災組織は、主体的・機動的に活動を行うことで、防災において大きな力を発揮することを期待できる。

しかし、現状は必ずしもそうなっていない地域がある（表5-1)。「役所が作ってくれというから作った」「補助金が出るから作った」というような自主防災組織があるのも事実である。あらためて確かめておきたいことは、自主防災組織は住民が住民のために作る防災組織であるということである。単なる市町村の補完組織ではないという認識を行政も住民も持たなくてはならない。そこに暮らす住民1人ひとりが防災活動に主体的に参画することは、被災後の自らのありたい避難生活や受けたい支援について深く考えることである。このことは、個別性や地域性に応じて必要となる支援を明確化することとなり、その結果、支援団体等が支援しやすくなるのである。

表5-1 自主防災組織のカバー率（2020年4月1日現在）

自主防災組織活動カバー率（%）			
上位5位		下位5位	
兵庫	97.7%	沖縄	33.1%
高知	97.1%	青森	55.4%
大分	97.0%	北海道	61.4%
香川	96.8%	千葉	68.9%
山口	96.7%	長崎	70.1%

近年の大災害	自主防災組織活動カバー率
新潟県中越地震（2004年）	新潟県 87.4%
東日本大震災（2011年）	岩手県 87.8%、宮城県 83.1%
関東・東北豪雨（2015年）	栃木県 83.7%、茨城県 83.0%
熊本地震（2016年）	熊本県 83.6%
西日本豪雨（2018年）	岡山県 87.2%、広島県 93.7%、愛媛県 93.6%

（出典：消防庁国民保護・防災部（2021）p.91 調査結果表2-11より筆者作成）

3）自主防災組織の担い手

自主防災組織の担い手は、自治会を中心に組織されることが多く、自治会長が自主防災組織の代表を兼任したり、自治会の役員が自主防災組織のリーダーを務めることが少なくない。また自治会における、防犯や安全パトロール、子どもの通学の見守りを行う活動グループが防災活動を兼ねている場合も多いだろう。しかし、他の地域活動と同様に、自治会の役員の高齢化やメンバーの固定化により十分な活動を行えないといった課題がある。また平日の日中に地域にいるのは高齢者と専業主婦、子どもが多いことを考えると、サラリーマンの男性層を中心とする自主防災組織では期待される役割を果たせないだろう。こうした中、女性を構成員とする「女性防火クラブ」や、中学生や近所に高校、大学がある場合は、学生たちを中心とする「学生防火クラブ」の組織化を進める自治体や地域もある。

例えば、宇都宮市「婦人防火クラブ」の例では、平常時においては講習会や研修会、消防・防災施設の見学会や防災訓練など火災予防に必要な知識や技術を習得するための活動や、各種イベントや戸別訪問による防火啓発活動などを行っている。2021年5月1日現在、市内の婦人防火クラブ数は39クラブ、合計クラブ員数は6万6,992人となっている。また、小・中学生、高校生を中心とした「少年消防クラブ」という消防庁が所管する組織があり、主に少年少女の防災に関する意識啓発や研究を目的とした活動をしている。宇都宮市では、2021年5月1日現在、少年消防クラブ数26クラブ、合計クラブ員数671人となっている。

4）自主防災組織の活動内容

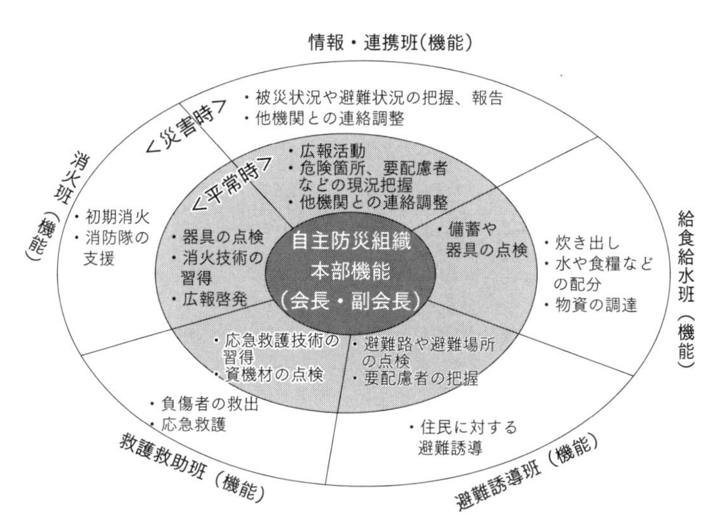

図5-2　自主防災組織の機能と活動内容（筆者作成）

コラム５－２　率先避難者が生んだ「釜石の奇跡」

東日本大震災において釜石市の小中学生約3,000人のほぼ全員が生き抜くことができた、いわゆる「釜石の奇跡」。防災教育の教えが活かされ、子どもたちが率先避難者として避難したため、周囲の大人たちも助かったというケースが多くみられた。地震が発生したとき、多くの子どもたちは下校後だったが、おのおの率先して避難した。そのおかげで自らが助かっただけでなく、子どもたちが、兄弟、祖父母、友だちなど、周囲の人たちに、急いで避難することを呼びかけたため、たくさんの命を救うことができたと報告されている。

釜石市内の防災教育の３原則は、①想定にとらわれるな、②最善を尽くせ、③率先避難者たれ、である。②は「ここまで逃げれば助かるだろう」と考えるのではなく、逃げられるところまで全力で逃げ続けることである。③は、先生や大人の指示を待つことなく、恥を恐れずに、自分が真っ先に逃げるということである。こうした防災教育を実践した子どもたちの行動により、先に示したように、多くの大人たちが助かった。この経験は、「子どもたちが率先避難者になる」ことがコミュニティの防災において有効なことを示している。

自主防災組織の具体的な機能と活動内容を整理すると図５－２のようになる。身近な地域において、私たちが対応するほぼすべての内容が示されている。その活動は「平常時」と「災害時」に分けられる。また、被災したことを想定し、「情報・連携」「給食給水」「避難誘導」「救護救助」「消火」の５つの活動に対応した体制をとることが多い。特に情報・連携活動は、災害を予測する情報の収集や、被災後の状況の把握、またこれらの情報に基づく消防等への支援の要請など、防災活動の要となるものである。では、情報・連携活動でどのような点に着目した活動を行うとよいのか、筆者の地域防災の支援活動の経験をもとに３点確認する。防災に限らず、地域で組織や活動を作る際の要点といえるものでもある。

第一に重要となるのが、当事者参加である。言い換えれば、組織（各班）や活動を作る際のコアメンバーの選出に留意が必要だということである。実際に災害時に困りごとを持つと考えられる要配慮者やその支援者に加わってもらうことが重要である。次に重要なのが、組織（各班）や活動の取り組み内容を徹底的に公開することである。これは防災への意識を十分に持たない人への啓発や、活動の理解者・支援者を増やすことにつながる。伝えたい人に合わせた情報媒体の使用、言葉使いなどを十分に検討する。そして3つ目が、多様な団体・機関との連携体制を作ることである。自主防災組織のメンバーだけでは活動に限界がある。例えば、身近な企業との連携であれば、スーパーマーケット、建設会社などと連携し、飲料水や食品の確保、工事車両の活用を進めることができるかもしれない。

（2）防災活動に取り組む身近な組織とその活動内容

ここでは、自主防災組織以外に、本章1節の図5－1で示した組織のうち、防災に関する活動を主としないが、防災や災害後の避難者支援において、平常時の経験を活かして活躍することが期待される組織と活動内容を紹介する。また、地域における新しい担い手による防災活動や、消防について専門的な知識と技術を持つ消防団についても紹介する。

1）民生委員・児童委員、地区社会福祉協議会による防災活動

民生委員は、民生委員法に基づいて厚生労働大臣から委嘱された非常勤の地方公務員である。平常時は、社会福祉の増進のために、地域住民の立場から生活や福祉全般に関する相談・援助活動を行っている。また、すべての民生委員は児童福祉法によって「児童委員」も兼ねており、妊娠中の心配ごとや子育ての不安に関する様々な相談対応や支援を行っている。

民生委員は、自治会の作る自主防災組織の一員として活躍することが少なくない。また、対象地区内の要配慮者などの個人情報を把握しているのは民生委員であることから、避難に支援が必要な人の情報も持っており、災害時要支援者マップの作成、避難時の個別支援計画の作成などで力を発揮する。

地区（校区）社会福祉協議会（社会福祉協議会は社会福祉法第109条に基づき、地域福祉の推進を図ることを目的に、都道府県・市町村のそれぞれに組織される団体であり、その地区版として住民が組織するものである）は、元々の活動範囲が単位自治会よりも広域で、小学校区や中学校区、連合自治会の範囲となっている。活動内容は、民生委員と連携した取り組みが多く、例えば、独居高齢者の見守り、家事援助、配食サービス、会食会やサロン会の開催などを、自治会や行政などと連携して行っている。防災についても、普段の活動を活かして、見守り活動による要配慮者の把握、避難訓練や避難所の運営の支援にかかわることが多い。

2）PTA や育成会・子ども会による防災活動

PTA や育成会が防災活動を日常的に行う例はあまりないだろう。しかし、年に1、2度、救護や防災をテーマとして PTA が研修会を実施したり、避難訓練や災害時の児童の引き取り訓練を学校と協力して実施することは少なくない。夏のイベントとして、地域の各種団体が連携して、体育館を使った避難所運営キャンプを実施するという例もある。

直接、防災にはかかわらないが、PTA や育成会・子ども会は、日頃から自治会とともに防犯活動や通学時の見守り活動を担うことも少なくない。自治会で防災を担当するメンバーは、防犯活動を兼務していることが多く、日頃からつながりを作り、いざというときに声を掛け合い、助け合える関係を築いておくことが重要である。

3）食生活改善推進員、健康づくり推進員による防災活動

食生活改善推進員は、近隣や地域において食育の推進と普及、啓発をする役割を担っている。男性や親子を対象とした料理教室の開催や食育イベントなどを行っている。健康づくり推進員は、一人ひとりの自主的な健康づくりを支援するとともに、地域での健康づくりを推進するリーダーであり、健康学習会やウォーキングなどに取り組んでいる。どちらも市町村が主催する5日間程度の講座を修了することで推進員として活動することができる。それぞれの専門性や経験から、民生委員や地区社会福祉協議会と連携して、一人暮らし高齢者などへの配食サービス、会食会やサロン会の開催などを行っている場合がある。これらの人々が災害時に炊き出し班のリーダーとして活躍する姿は、東日本大震災の際の多くの避難所で見られた。

4）有志のグループによる自主的な防災活動

自治会でもなく、消防団でもない、自らや地域の防災に関心を持つ個人が集まってグループを作り、活動する例がある。図5-1でいえば、防災 NPO と趣味・サークル活動の性格を合わせ持ったものといえる。活動内容は、防災に関する勉強会、既存の自主防災組織の活動の支援、避難所の運営支援、そして被災地に行きボランティア活動を行うなどである。特徴としては、昨今の大規模な災害

コラム5－3　避難所運営のための防災組織づくり

横浜市では、身近な市立の小・中学校等を指定避難所に指定し、地域防災拠点として防災備蓄庫の設置、防災資機材・食料等の備蓄を進めている。また、災害時でも通信の安定しているデジタル移動無線を配備し、防災関係機関との被害情報等のスムーズな受伝達を実現している。避難所運営の特徴は４つある。①自治会、学校、行政などが協働により「地域防災拠点運営委員会」を設置し、皆で一緒に防災訓練や研修を行っている。②水、食料のほか移動式炊飯器などの生活用品を備蓄している。③エンジンカッター、レスキューカッターなどが保管され、救出活動を行うことができる。④家族の避難情報を収集しており、安否の確認をすることができる。このように、地域に密着した防災リーダーの養成や、単位自治会による自主防災組織では困難な専門的な対応、近接地域を含めた地域的まとまりの中で連携体制を構築している点が特徴である。

において被災地や避難所で活動した人たちがその後もつながりを持ち、組織化していること、活動範囲が自治会などの既存の範域に限定されないこと、自発的に集まったメンバーで構成されていること、参加するメンバーは社会貢献の意識だけでなく、メンバー同士の交流や学びも大切にしていることなどが挙げられる。他方、こうした団体は、行政等から補助金を得たり、広報をしたりする経験がなく、継続的な活動になりにくいという課題を持つ。活動の発展に向けて、助成金情報や団体の運営方法についてアドバイスを得ることができる公民館や社会福祉協議会などの支援機関と連携していくことが重要である。コラム5-4、5-5に事例を示した。

5）消防団

消防資機材を使いこなす非常勤の消防の専門家集団である。団員は消防組織法により非常勤特別職の地方公務員に位置づけられる。報酬はあるが、普段は別の仕事をしており、いざとなったら訓練の成果を活かして、消火活動の支援、交通整理、避難誘導、大規模災害時の救助活動まで幅広く活動する。練習は、年に数回という団もあれば、朝練や夜、そして週末も行うという団もある。中壮年世代が集い、情報交換したり親睦を深めたりする貴重な機会にもなっている。

メンバーは、18歳以上39歳までなど、定年制度を設けている地域が多いが、担い手不足もあり、60歳を超えても団員として活躍する人もいる。『令和2年度消防防災・震災対策現況調査』によれば、40歳以上が50%以上となっている。担い手確保の方法については、地域の先輩からの誘いが多い。また地域的なつながりが弱くなりつつある地域では、地域に住む18歳以上の人に、例えば社会人になったら団員になってもらえるよう現役団員が勧誘するなどしている。また消防団員の数は、消防ポンプ自動車の数に従い算定される傾向がある（1台につき5人など）。担い手確保の難しさが課題となる中、女性消防団や学生消防団の結成などの新しい動きも生まれている。

活動内容は、消防組織法により定められており、発災時の活動と、平常時の活動に分けられる。発災時は、①火災時、②風水害時、③大規模災害時に分けられる。火災時は、消火活動のための水利確保（消火栓、防火水槽）や、消防署の消火活動の支援、火災現場における交通整理と住民の避難誘導、火災現場における再発火防止のための監視がある。風水害時は、河川の氾濫や崖崩れなどについて、地域内の巡視とともに、冠水が想定される場所に土のうを積んだり、浸水した場合に排水作業を行う。大規模災害時には、消火活動はもとより、家屋の下敷きになった人の救出などを行う。一方、平常時は、消防器具の点検や、操法・実践に備えた訓練、地域の防災訓練に参加し、予防・啓発活動を行う。活動の範囲は、やや広範囲で1～10程度の自治会エリアを活動対象とする。

なお、水防団は、水防法第5条の規定により、水害に対処するために設置される防災組織であり、水害が懸念される地域に置くことが定められている。消防団員と兼務する地域も少なくない。台風などの原因による河川の増水や決壊に対して土のうを積んで予防に努めるほか、浸水した地域の被災者救出を行う。

2 ▶ 自主防災組織を作ろう、見直そう

1節では、共助を支える地域の防災活動について、自主防災組織や自主防災活動を中心に把握した。では、自主防災組織や自主防災活動はどのように作られるのか。また、活動を効果的なものとする組織の見直しはどのように行うのかについて整理する。地域にすでにある住民組織が防災活動に取り組む方法や、新たに防災組織を作る方法など、大きく以下の4つに分けることができる。

（1）既存の自主防災組織を充実する・見直す

地域に自治会や町内会などがあって、すでにそこに防災関係部門が置かれている場合は、その充実や見直しを図る。例えばこんな点を確認してみよう。自主防災組織の中に、消火班や避難班、救出班などがあったとしても、災害があった際にうまく機能しない場合がある。救出したり、見守り合ったりする対象が、普段顔を合わせることのないような人になっていないだろうか。

次のようなことがよくある。自治会の班の編成（＝救出し合う最小単位）が、図5－3の（ア）のように街区ごとになっている場合である。これでは災害時にお互いを助け合うのは簡単ではない。後ろの家の人たちと普段顔を合わせることもないだろう。自主防災組織の機能を高めるためには、（イ）のように班編成を変更するとよい。

また、消火班などの各班のリーダーが、普段働きに出ていて地域にいない人であれば防災組織は機能しない。地域の実情に合わせてメンバーを選定する必要がある。このように、既存の組織や活動の充実を図るために第一に重要なことは、必要な活動をするために、実効性ある組織体制になっているかを確認し、改善することである。

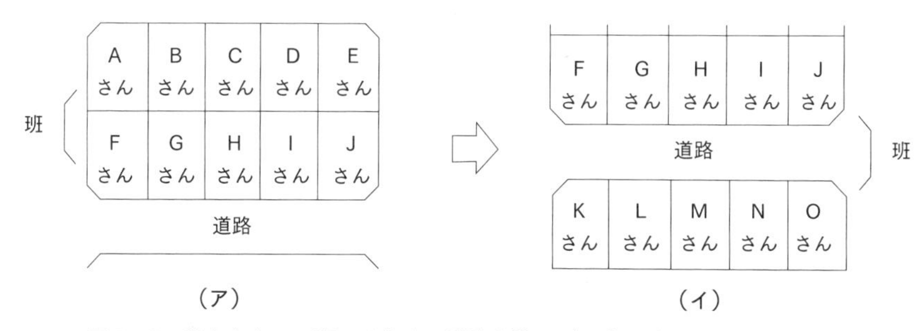

図5－3　背中合わせの班ではなく、道路を挟んだお宅で班づくり（筆者作成）

（2）自治会の防災部門がない場合に新たに設立する

自治会などの中に、新たな部門として設ける場合は、自主防災組織として次のような機能を持つ組織編成にすることが一般的である（図5－2参照）。自主防災

コラム5-4　防災を楽しむお父さんお母さんの自主防災ネットワーク「きずな」

「きずな」は、会社員や主婦、市役所に勤務する30～40代を中心とする男女6人で設立した、自主的な防災グループである。メンバーは主に鹿沼市菊沢地区の住民である。2015年の関東東北豪雨災害時に、地区にあるコミュニティセンター（以下、センター）で避難者の受け入れや避難誘導などの経験をした当時消防団の一員だった2人が、身近な仲間に声をかけて集まったメンバーで、翌年4月に設立した。災害時に避難所になるセンターの職員が、グループの事務局の支援を行っている。センターの職員は、自らは避難所の運営や災害時対応の経験は浅いため、消防団の経験を持ち、また地元の子育て世代のネットワークを持つ「きずな」との連携はなくてはならないものとなっている。主な活動は、地域住民に対する防災の啓発に関するものである。“子どもたちの防災意識が高まれば将来のまちの防災の力は高まる”という意識を持ち、力を入れて取り組んでいるのがいわゆる防災キャンプである。小学校の体育館で自分たちで避難所を作り宿泊する。この他、各地区の祭りなどの際に防災のブースを出展し、簡易トイレや浄水器などを作るワークショップの開催や、小学校の保護者研修においてHUG（避難所運営ゲーム）の講師を務めるなどしている。また、メンバー個々のスキルアップを重視し、月に一度の運営委員会の際に専門家を招き学習する機会を設けている。

旧来の自主防災組織が担い手の高齢化や固定化などにより十分な活動ができなくなる中、地域の中で防災に関心を持つ若い世代が自主的につながり、学習を通して地域に貢献する、そしてそれをセンターがサポートするという、新しい自主防災組織の姿を示す活動である。

組織の本部、情報・連携班、給食給水班、避難誘導班、救護救助班、消火班などを組織する。また、形を整えるだけでなく災害時に機能する組織にするために、地域の担い手が手薄になる、平日の日中に災害が発生した場合を想定したメンバーの選出が重要となる。

実際に新たな部門を設けるといっても、担い手の高齢化や人手不足により新たなメンバーを組織化することが困難な場合がある。そうした際は、防犯班や安全パトロールなど、地域の防犯・交通安全に関する活動を行う部門が防災についても担うのがよいだろう。日頃から地域の危険な箇所を把握しており、警察をはじめとした公共機関との連携もとれているので、これまでの経験やネットワークを活かすことができる。

次の点を確認しておくことも重要である。自治会内や地域の福祉部門との連携である。地区（校区）社会福祉協議会や民生委員・児童委員協議会などとも連携し、一人暮らし高齢者はもちろんのこと、要配慮者に関する情報を共有することが重要である。災害時に支援が必要な世帯や人の情報を整理したマップづくり、支援者の連絡先の把握、要配慮者であっても避難しやすい経路、そして、要介護者や障害者が避難することのできる福祉避難所の場所などを把握しておく必要がある。つまり、自力で避難することが困難な人たちが地域社会において増加していることを自覚し、他の団体や機関と連携してあらかじめ対策を講じておくのである。

（３）防災学習会などの自主活動をする

自治会などの地域住民組織がない場合に、防災学習会などを開催し、防災サークルや防災グループを作り、行政や近くの公民館、NPOなどの協力を得て、できるところから防災対策に取り組む方法がある。自治会がある／ないにかかわらず、防災に関心のある人たちが集い、積極的に行うとよいだろう。公民館などの地域施設では開催場所の確保のみならず、グループ活動に必要な広報や専門家の紹介をしてくれるところが少なくない。例えば、乳幼児を持つ家庭であれば、行政や公民館に専門家をコーディネートしてもらうなどの支援を得て、同様な家庭の保護者が集まり、災害時に備える勉強会を行うことができる。このように、要介護者、障害者、乳幼児を持つ家庭、外国人など、立場や特性が変われば、学んでおくべきこと、避難の方法、そして事前の対策は異なる。まずはそれぞれの立場の当事者が仲間を作り、自分たちで学習することが大切だ。仲間とともに行うとよい防災学習のテーマ例として表５-２のようなものが挙げられる。

表５-２　防災学習会のテーマ例

地域理解	「通学路の危険箇所を調べよう」「土地の災害の歴史を知る」「身近な地域の避難場所や施設を知ろう」「地域のハザードマップを作る」
予防対策	「家の危険箇所を確かめよう」「地震が来る前の我が家の備え」「災害時の家族の約束ごとと連絡方法」「非常用持ち出し袋の準備と点検」
災害時対応	「災害別の発生時の対応」「地域の避難経路を考える」「火災・けむりの性質を知る」「災害後の避難生活の実態を知る」「自分にできる救援・救助活動を考える」「救命・応急処置を学ぶ」

（出典：一般社団法人防災教育普及協会（2001）を参考に筆者作成）

コラム5－5　東日本大震災を契機として誕生した防災市民活動グループ「チームかぬま」

東日本大震災後の福島からの避難者の受け入れボランティアの経験者、また鹿沼市社会福祉協議会（以下、社協）による東北各地へのボランティアバス派遣の参加者を中心に、2012年に設立した。会員数は29名（2019年8月末時点）で、20代～70代の、職業も多様なメンバーがいる。活動から8年が経ち、様々な専門性を身につけている。数多くのボランティア経験や専門家との協働により、被災地でどのような支援をどのような体制で行えば効果的な支援となるのかを見極める力が養われ、東日本大震災の翌年からボランティアバスのコーディネートを続けている。またチェーンソーや草刈り機の機器の扱い、ロープワークの技術に長けたメンバーもいる。さらに、全国の災害時支援NPOとの信頼関係も築きつつある。代表の山ノ井濱市さんは、これらの専門性や信頼関係について、個人のボランティアではなく、チームとして活動してきたからこそ蓄積されたものだという。

チームかぬまは、専用の事務所や防災機器を保管する拠点を持つ。主な活動は、東日本大震災後の宮城県石巻市などの被災地における継続的な支援活動（2018年まで）、全国各地の豪雨災害等への支援活動である。こうした経験から、2015年に地元で起きた関東東北豪雨災害時には、災害ボランティアセンターの運営において、全国から集まるボランティアやNPOのコーディネーションに力を発揮した。平常時は社協との連携により、「ゴミ屋敷」の片づけ、草刈り、他のボランティア活動の人手不足の際の手伝いも行う。活動の内容ありきではなく、協力依頼を受けた団体との関係を大切にし、そのときできることはやっていこうというスタンスである。この他に、地域を越えた連携・交流がある。その1つが、東京都足立区でチームかぬまをモデルとして2016年に誕生したチーム足立との連携である。遠方での災害支援に出かける際に、人・物資の移送や被災地情報の共有などをしている。

チームかぬまは、活動地域を限定せず、災害時支援に関心を持つ人たちがつながったネットワーク組織である。地元が被災地となった際には、市外からの支援を受け入れる受援力を高め、さらには、市内の被災地域の個別事情に合わせた支援や各団体や機関等の連携を行う。市民が主体となるコーディネート機能を作り出すことは、災害に強い地域づくりにおいてますます重要となる。チームかぬまはその好例である。

（4）近隣地域や関係団体と防災ネットワークを作る

既存の自主防災組織がうまく機能しない、あるいは規模の小さい自治会や、高齢化などにより担い手が十分にいない場合は、複数の自治会が合同で１つの防災組織を結成する。あるいは、関係団体とともに「防災ネットワーク」を作る。

これにより、担い手や防災機材の確保はもちろん、各自治会の地域の状況について詳しく知る人がつながることで、自治会の範囲を越える被害への対策や避難経路の検討をしやすくなる。ただし、対象範囲が広域になり過ぎると離れた場所の災害をイメージできなかったり、そもそも対象地区の状況を把握できなかったりするので、小学校区程度までの範囲が適当である。

また自治会を中心とした自主防災組織には限界があると指摘する声もある。例えば、「自治会は、他にも多くの公共サービスを担っていて、負担が大きい」「中心メンバーが固定化するなどにより、避難訓練などの活動がマンネリ化している」「高齢化や人口減少などにより新しい担い手を確保できない」などである。こうした中、PTA や小中学校・高等学校、社会福祉協議会、地域のボランティアグループ、民間企業など多様な団体が合流し、自主防災ネットワークを形成し活動する例がある。

例えば、総務省は、地域内の組織間の連携・協力を促す事業として、2004 年から 2008 年にかけて地域安心安全ステーション整備モデル事業を行っている。また、一般財団法人日本防火・危機管理促進協会の 2013 年の調査報告「 防災活動における地域組織間の連携に向けて」によれば、防災ネットワークを構成する地域組織は、自治会以外に、消防団、小学校・中学校・高校、自治体、社会福祉協議会、民生委員・児童委員、PTA、地域の民間企業の順に多いことが示されている。連携の内容については、「日頃の防災活動や防災訓練等の開催・運営の協力」「防災活動・行事の内容や方法を協力して企画し、実施に関わる手続きや調整等を行っている」「組織・団体間で、災害時の役割分担を決めている」が順に多く、回答者のおおよそ半分以上が行っている。

3 ▶ 平常時の見守りや備え

本節では、自主防災組織や防災に関心のあるグループが平常時から行っておくとよい活動を紹介する。それらには、図 5-4 のようなものがある。1 つひとつ重要であるが、図のタイトルで示すように、現実を「知る」ことが特に重要である。ここをおろそかにすると間違った計画を作ってしまったり、地域の実情に合わない避難訓練になってしまったりする。丁寧に自分の住むまちの災害リスクを知る必要がある。

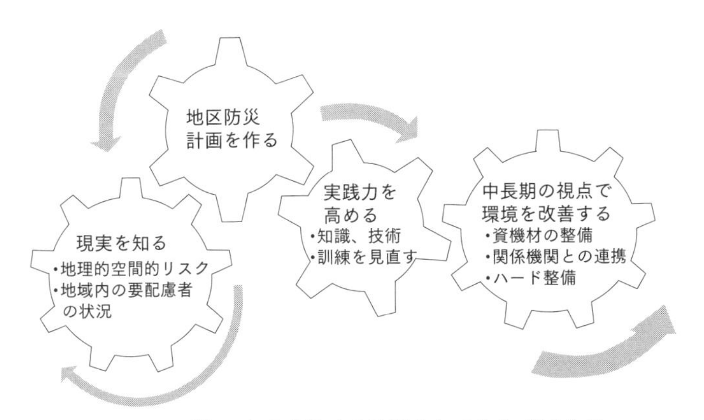

図5-4 「知る」から始める防災まちづくり（筆者作成）

（1）現実を知る

現実を知るためには、2つの側面から捉える必要がある。1つは、地理的空間的側面である。これは、自分の家や地域において、どこに危険があるのかを把握することである。自分の家であれば、構造上弱そうな部屋を把握したり、大きな家具が災害時どのように移動したり倒壊したりするのか考える。地域であれば、市町村のホームページなどで掲載しているハザードマップを見て、浸水や火災の延焼、土砂崩れの危険性を確認する。

もう1つは、災害時の避難や安否について具体的に想像し、避難時に1人で避難できない人がどこに、どの程度いるのかということを知ることである。これは個人や家族が地域全体のことを把握することは困難であるので、まずは近隣の状況を把握できるとよい。近隣のこともよく知らないという場合は、挨拶から始めて少しずつお互いのことを知るよりほかない。では、地理的空間的なリスクや、要配慮者（6章2節参照）のことをもう少し具体的に知るためにはどうすればよいだろうか。

まず、1人でも始められる取り組みとして「防災まち歩き」がある（表5-3）。地域を歩いて、災害危険箇所や避難経路、防災拠点などを把握し、災害時の危険性を実感したり、施設や機材を確認したりする。その次に「防災マップ」を作成するとなおよい。防災マップづくりについては次ページで後述する。防災をテーマにまちを歩くことで、いつも通っている気持ちのよい道や雑木林が災害時には危険になるかもしれない、土砂崩れが起きそうな斜面はないか、など身近な所に潜む危険を想像するのである。また、災害時はいつも通っている道が、倒木や土砂で通行止めになったりすることがある。こうしたことを想定して、回り道をするならどんな道があるだろうかなど、地域を知ることが大切である。「防災まち歩き」の流れは次のようになる。

表5-3　防災まち歩きの流れ

準備をする	・街区（道や建物）の様子がわかる縮尺の地図を準備する。地図には余白をとるなど書き込みをするスペースを確保する。 ・まち歩きのコース、エリアを決める。 ・消防団、自主防災組織などまち歩きに協力してくれる人を探す。多様な見方を知るために異なる立場、異なる世代の人に加わってもらうとよい。
まち歩きの流れ	・まち歩きはお互いの声を聴きあうことのできる5、6人程度までの小グループで行うのが理想的である。 ・まちや自然の特徴、災害時に危険な場所や防災施設などを地図に記入する。他の人と共有するために、また、どのように危険かを知らせるために、必要に応じて写真を撮る。また、気づいたことや聞き取った内容についてメモをとる。 　なお、まち歩きの時間帯については留意する必要がある。日中と夜、交通量が多い時間帯とそうでない時間帯では状況は異なる。
結果の活用	・まち歩きでわかったことをより多くの人と共有することが重要である。防災マップを作り、配布するなどして共有する。 ・防災マップを活用し、災害時の避難行動などについて話し合う災害図上訓練「DIG」（詳細は、2章2節(4)を参照）などを実施する。

（筆者作成）

もう1つは、「防災マップ」を通して地域独自の情報を知ることである。防災マップは、近年自治会や避難所の対象エリアの住民らによって作られている。自治会や公民館などで手に入れることができるが、ない場合は近隣の仲間と一緒に作ってみよう。あるいは、自治会などに防災マップづくりを働きかけてみてはどうだろうか。

防災マップは、地域の指定避難所や災害時に役立つもの（防火水槽や防災倉庫等）、要配慮者が住んでいる家、危険な箇所などを、住民が主体となって書き込んだ地図である。防災マップづくりは、その作業を通して、防災に関する地域の課題が見つかるとともに、多くの住民の参加により、ご近所の知り合いを増やしたり、家族の状況を知ったりすることも狙いの1つである。

防災マップには次のようなものがある。指定避難所までの避難ルートが入る程度の地図を用意し、コミュニティレベルで作成するもの、ご近所の人が一緒になり家族の状況を知り合うなど、近隣レベルで作成するもの、また、避難時要配慮者に焦点をあてて、支援者の情報や避難経路を詳しく記載する、要配慮者用のものがある。

なお、まち歩きや防災マップづくりは、まち歩きの技術指導やマップの編集・印刷について、自治体の支援を得ることができる場合があるので、市町村の地域振興や防災を担当している部署に聞いてみるとよいだろう。

表5-4 コミュニティレベルの防災マップに記入する事項の例

事項
①市町村の防災計画等で、防災施設・設備として指定・準備されている事項 指定避難場所や指定避難所 消火栓・防火水槽・ホース格納庫などの消防設備 土のう袋などのある防災倉庫
②避難にかかわる事項 危険（になるかもしれない）箇所 自宅を出て30秒以内で行ける、ご近所で集まることのできる安全な場所 避難支援が必要な乳幼児・高齢者・障害者のいる家、またその避難を支援する人の家 災害に合わせた避難ルート 家族と申し合わせた避難場所
③災害時に情報を共有する事項 自治会（自主防災組織）の災害対策本部が置かれる場所 自治会や自主防災組織の役員の家 情報や避難誘導を担当するリーダーの家

（筆者作成）

（2）地区防災計画を作る

災害対策基本法第42条の2では「地区居住者等は、共同して、市町村防災会議に対し、市町村地域防災計画に地区防災計画を定めることを提案することができる」と規定されている。言い換えれば、市町村は、住民の地区防災計画を作成するための相談に乗らなければならない。市町村によっては、防災の専門家や、住民同士の対話をスムーズに進行するファシリテーターを派遣する予算を負担す

コラム5－6　個人情報を上手に集めて活かす

個人情報は、「氏名、生年月日その他の記述等により特定の個人を識別することができるもの（他の情報と容易に照合することができ、それにより特定の個人を識別することができることとなるものを含む。）」（個人情報保護法第２条）をいう。地域活動において、個人情報を収集・管理する立場にある人は、各家族の状況や、要介護者などの個人の情報の取り扱いに戸惑うことは多い。そして間違った理解のもと、個人情報や立場上知り得た情報（秘密）を漏洩したり、あるいは逆にうまく活用できていないことがある。

防災活動において、災害時の要配慮者への対応を円滑に行うためには、要配慮者の情報を共有して柔軟に対応することが求められるだろう。ここで問題となるのが個人情報の扱いである。自治会や自主防災組織、あるいは民生委員などが個人情報を集める際は、本人に「利用目的」「保管場所」を明確に伝える必要がある。ここでポイントとなるのが、集める際に「第三者への提供」の規定についても申し合わせておくことである。例えば、「生命・財産を守る緊急時や、救護や避難のための防災活動においては、本人の都度の同意を得なくても活動に従事する担当役員に提供することができる」など、あらかじめルールを作り、本人の同意を得ておく必要がある。つまり個人情報を集める際には、最初の申し合わせが重要ということである。

表５-５　地区防災計画に記入する事項の例

計画の趣旨・目的などの基本方針	地域住民に防災計画の必要性を訴える呼びかけ文であり、なぜ計画を策定するのかを示す。
作成主体や構成員、対象範囲	どのような団体、メンバーが作成しているのか、計画で対象とする範域はどこまでかを示す。
地区の特性、予想される災害	自らの住む地域でどのような災害が予想されるのか、危険を共有する。
主な取組内容「平常時」「災害時」の取組と組織体制	本章１節（1）4）の活動内容で示した自主防災組織の「平常時」と「災害時」の取り組みがあることを整理する。
要配慮者（避難時要支援者）の支援の方法	どのように支援するかはもちろん、地域の住民に要配慮者がいる事実を実感してもらうこと、そしてそうした要配慮者と日頃から顔見知りになってもらうことを伝える。
具体的な防災対策	避難訓練、学習会など柱となる事業をできるだけ具体的に示す。
防災マップ	視覚的に地区特性を把握する。また、住民参加で作成した場合は、多くの人の参加と連携が欠かせないことを共有する。
緊急連絡先	市町村の防災の担当課、周辺の避難場所や、消防署、警察署、学校、医療機関、電力・ガス会社、など、災害時に相談、連携する機関等の連絡先を記載する。また連絡先の機関等が災害時に具体的にどのような動きをするのかについて調査する。

（出典：内閣府（2020）『地区防災計画の素案作成支援ガイド』p.10,11 を参考に筆者作成）

るなどしている。では、地区防災計画においてどのような内容を検討すればよいだろうか。主に次のようなものがある（表5-5参照）。

（3）実践力を高める

地域の現実を知り、防災計画を作るだけでは、実際に災害が起こった際に、自らや自主防災組織がスムーズに動くことは難しい。日頃から防災に対する知識を深めるとともに技術を高め、いざというときの実践力を高めておく必要がある。具体的にどのような知識や技術が必要なのか、自治体が行う防災教育のテーマを参考に、主なものを「個人や家庭」「自治会などの地域組織」の主体別に分けて整理したものが表5-6である。これらのテーマについて、平日や休日、日中や夜間など具体的な状況を想定し、各自、各家庭、各地域の実情に合わせた知識や技術となるよう、学習や訓練を行うとよいだろう。

また、実践力を高めるためには、これまで地域や学校などで行っていた防災訓練を見直す視点が欠かせない。防災訓練を見直す視点には主に3つの側面がある。①実践的な訓練にする、②無関心層の参加を促す、そして③問題を発見するための個別訓練である。

まず、実践的な訓練については、避難所開設だけでなく、建物のトイレが使えない場合の簡易トイレの設置、また水防では土のうを作り、運搬するなど、実際の災害や不便を想定した訓練にする。次に、無関心層の参加については、子ども連れの家族の参加を促すことのできる体験型プログラムや、介護予防や食育など他の目的をテーマとしたイベントや研修会との合同企画にして、幅広い層に関心を持ってもらえるような工夫があるとよい。例えば小学校の体育館で親子のお泊まり避難所体験会を行うなどがある。そして、問題を発見するための個別訓練については、消火、救出救護、避難、給食・給水、炊き出しなど、これらについて実際の状況を想定してどのような問題が起こりそうかを考える。例えば、炊き出し訓練をする中で、すでにある設備でどの程度の食数を作ることができるのか、避難所の収容人数に対して十分な対応ができない場合にどのような対応をするのか、あるいは設備を入れ替えるのかなどを検討する。

次に、家庭や地域で簡単にできる、実践力を高めたり、防災への関心を高めるための効果的な学習方法を確認しよう。防災工作教室への参加やゲーム形式の訓

表５-６　防災のための知識と技術

	主な内容	留意点
個人や家庭が持つ知識と技術	家庭における食料等の備蓄、出火防止等の対策の方法	普段の生活の中で利用されているものを活用するローリングストック法（２章２節コラム２-２参照）を生活に取り入れる。
	負傷の防止、避難路の確保の観点からの家具・ブロック塀等の転倒防止対策の方法	家具の転倒やガラスの飛散を前提とした、住まいの中の避難路を確保する。
	応急手当てや救護救命の方法	救急車が来ないことを前提に、救命救護の知識と技術を身につける。
	浸水想定区域などの避難対象地区と予測される被害	自宅以外に、会社から自宅、学校から自宅、自宅から避難所までの経路が避難対象地区かどうかの確認が大切である。
	避難所および避難路に関する知識	避難路に関しては、危険な塀がないか、あるのであれば迂回する道はどこかなど、自分の目で確かめることが重要である。
	家族同士の安否確認の方法	NTT 災害伝言ダイヤル 171 の使用法のほか、携帯電話を失くした際の合流方法（待ち合わせ場所、避難所に掲示するなど）を決めておく。
	正確な情報入手の方法	市区町村や都道府県の防災専用のポータルサイトを携帯電話に登録しておくとよい。また、災害後、指定避難所には、行政からの情報が集まるので連絡先を把握しておくとよい。
自治会などの地域組織が持つ知識と技術	災害時要配慮者・要支援者の把握や支援の内容、福祉避難所などの避難先の把握	2014 年の改正災害対策基本法で、国は避難行動要支援者の名簿づくりを市区町村に義務づけ、要支援者一人ひとりの個別支援計画を作るように求めている。
	防災倉庫や避難所における装備や備蓄の内容	男女のニーズの違いに配慮した備蓄が必要である。また防災倉庫は、浸水時などに取りにいけない場所に設置していないか、設置場所に注意が必要である。
	避難所の開設や運営に関するルール	避難所に避難している人も力を発揮できる運営方法を検討するとよい。（２章１節(3)を参照）
	防災関係機関が講ずる災害応急対策などの内容	災害時、行政のほか、社会福祉協議会、消防団、医療機関が、自治会などの地域組織に対して、どのような支援や物資の提供があるのかを確認する。
	避難訓練や通信・伝達訓練の内容と実施の方法	夜間、冬期、水利確保が困難な地域など様々な状況を想定した訓練が必要である。
	避難マップ作成や図上訓練の内容やワークショップなどの実施の方法	一部の人で作ってしまうことのないよう、多様な住民が参加し、異なる意見をもつ人から学ぶような機会を作る。
	事業所などの災害時の防災対策の状況、危険物の有無	事業所がある場合は、火災や中毒を起こす危険物がないかをあらかじめ知っておく必要がある。また日用品などを扱うスーパーなどの場合は、要配慮者等に対して物資供給を行う「生活物資協定」を自治会と締結するなどの検討をしてもよいだろう。

（出典：神戸市発行（2013），および奈良県教育委員会（2005）関連資料「地震防災教育展開例」を参考に筆者作表）

練である。防災工作教室は、親子で参加しやすく、家族で防災について考えるきっかけとしても重要な取り組みである。例えば、懐中電灯で机の上全体を明るくするには、懐中電灯の上にペットボトルをかぶせたり、載せたりするだけで、光が拡散して明るくなる。この他に、次のようなものであれば簡単に工作できる。「ビニール袋とタオルでオムツづくり」「ものほし竿と上着で作る担架」「防寒用の新聞紙で作るスリッパ」「段ボール（バケツ）とゴミ袋と新聞紙で作る簡易トイレ」などである。また、ラップは、食器に被せて使うことで災害時に貴重な水の消費を防いだり、くしゃくしゃにして食洗用のスポンジに使ったり、下着の上に巻きつけて防寒に使ったり、さらには防水性や通気性を活かした傷の応急手当てに使うことができる。

ゲーム形式の訓練については、カードを用いたワークショップツールとしてHUG（避難所運営ゲーム）、DIG（災害時図上訓練）ほか、たくさん開発されているので、初対面同士でも楽しみながら学ぶことができる。2章2節を参照されたい。

（4）中長期の視点で環境を改善する

防災で忘れてはならない取り組みが、前項(3)で具体的な対応方法を検討した際などに把握した問題点を中長期の視点から改善する計画づくりである。例えば、改善が必要な事項として次のようなものが挙げられる。消防車やレッカー車が通れない狭隘道路の拡幅、崖崩れの起こりそうな斜面の補強、階段や急斜面道路への手すりの設置、水利確保のための雨水・井戸水利用、民有地の倒壊の恐れのある擁壁の改修、などである。特徴としては、ハード整備を伴う環境面に関する内容が多い。

これらを、図5-5を使って確認してみよう。図中ではⅡの［実現可能性・低］［緊急度・高］が特に重要となる。災害の被害はここを軽視してきた過去の上に起こる。人命にかかわる問題が多い。では、どのように改善していけばよいのか、市町村の消防や地域振興を担当する部署だけでなく、土木事務所や土地所有者、バリアフリーを専門とする民間事業者等にかかわってもらうなど、関係者と連携し、改善計画を作成する。中長期の視点で地域の環境を改善する防災計画といえよう。

図のⅠに該当する［実現可能性・高］［緊急度・高］は、問題だと確認したらすぐにできる取り組みである。例えば、防災倉庫を追加する例である。2015年関東・東北豪雨で河川の氾濫による浸水災害を経験した日光市のある自治会では、河川氾濫しやすいエリアが自治会館の敷地内に用意した防災倉庫から遠かった。そのため、急を要した災害対応において機動的な対応ができなかったことを反省し、地域内の防災倉庫の位置を見直した。河川の氾濫時に必要なものを常備した防災倉庫を、氾濫しやすいエリアの近くに、新たに設置した。

このように、知識や技術を得たりするだけでなく、現在の環境をよりよいものにしていく計画や取り組みが重要である。しかし、短期的に実現することが難しく、既存の自主防災組織等は負担に感じることが少なくない。こうした際には、自主防災組織とは別に、地域の環境改善チームや、まちづくり委員会などを作るなどし、中長期的に検討していく必要がある。

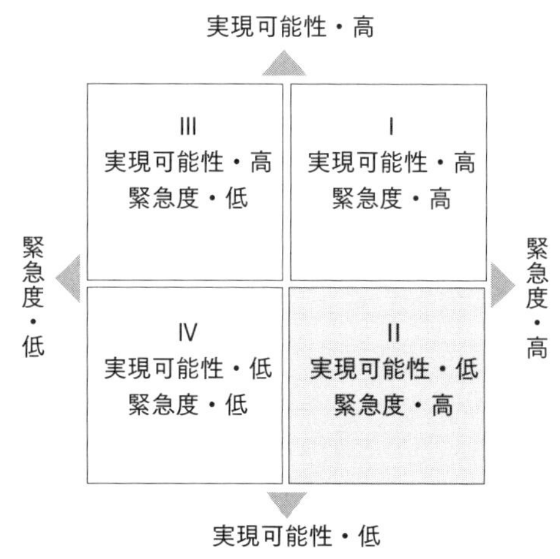

図5-5　環境改善の４象限（筆者作成）

コラム5-7　外国人住民とともに考える地域防災

2019年6月末現在、日本全体で、在留外国人（以下、外国人住民）は過去最多となる280万人を超え、今後さらに増加することが見込まれる。外国人観光客も含めると外国人がいることを想定した災害時対応への備えは、特定の地域に限らず、あらゆる地域において共通する喫緊の課題である。

1995年の阪神・淡路大震災では、外国人被災者の死亡比率が総人口に占める外国人比率を上回った[1)]。これを教訓に、日本語がわからなかったり、災害に関する知識がなかったり、生活様式など文化背景が異なる住民にも、必要な情報を届ける必要性が高まった。その後、新潟県中越地震、東日本大震災、関東・東北豪雨、熊本地震などを経て、（一財）自治体国際化協会による災害多言語支援センター設置のためのマニュアル整備や、弘前大学社会言語学研究室による「やさしい日本語」を使った災害時対応のためのマニュアルの作成など、災害時対策の経験とノウハウの蓄積が図られてきた。「やさしい日本語」という表現には、文法や語彙の「易しさ」と相手を思いやる「優しさ」の2つの意味が込められている。日本に住む外国人が「易しい」日本語を習得し、日本で暮らす上で必要な情報を得られることも大切だが、とりわけ急を要する災害時においては、日本語を母語とする者が相手の日本語レベルに応じて言い換えるなど、情報の伝達における実践的な配慮という「優しさ」が重要となる。

さらに、2013年の災害対策基本法の一部改正に伴い中央防災会議の防災基本計画において、「災害発生時の避難に特に支援を要する者」かどうかの判断材料の1つとして、外国語での災害関連情報の発信方法の必要性についても示された。2017年からは総務省において外国人被災者のニーズと行政等からの情報をより迅速かつ効果的につなぐことを目的とした「災害時外国人支援情報コーディネーター制度」が検討されている。

これらの取り組みの多くは、災害時において外国人は支援される者であるという暗黙の前提に立つ。今日においては、日本人が外国人をどう救っていくのかを考えるだけでなく、在留外国人を交えた地域防災を検討していく必要がある。2017年名古屋国際センターによると、東日本大震災、関東・東北豪雨災害、熊本地震で対応にあたった国際交流団体等は、一様に外国人住民も要支援者ではなく支援者となり地域を支えたこと、そして日常的な日本人住民との関係形成が重要であることを指摘した[2)]。外国人住民を交えた地域防災には「外国人に必要な」災害時対応を考えるだけでなく、「外国人とともに行える」災害時対応について地域の備えをもう一度見直してみることが必要である。具体的には次の4点が挙げられる。1）音声翻訳アプリの活用など災害時の外国人対応に関する既存情報を収集し地域に必要な情報を精査しておくこと、2）外国人住民を交えて防災グッズの点検や訓練を行うこと、3）日常的な挨拶など「やさしい日本語」による交流体験を重ねて「心の壁」を取り除いておくこと、4）いざというときに多言語で対応できる仲間を作ること、などである。

大規模な工業団地を有する宇都宮市清原地区では、1995年に地域住民が主体となり、外国人住民の生活支援を目的とする「清原地区国際交流会」を立ち上げた。現在では外国人住民と自治会等の地域活動を橋渡しする役割を担っている[3)]。2015年には外国人住民とともに災害時対応マニュアルを作成し、作成当時の地区内全19自治会に外国人住民の安否確認等を行い民生委員らと協力して地区の災害対策本部へ情報をつなげる「地域担当者」を配置した。それに基づき「やさしい日本語」を使った災害時対応訓練を開催するなど、外国人とともに暮らすことを前提とした地域づくりを行っている。

多文化共生に向けた取り組みは、イベント的なその場限りの交流にとどまることが少なくないが、現代の地域社会で求められているのは、言語、文化・習慣や思想などの違いから摩擦や衝突が起こった際に、折り合いをつけられる関係づくりと仕組みづくり、それらを可能にする地域社会のあり様である。外国人住民、日本人ともに住民個々の力を地域社会へとつなげられるように、できるだけ物理的・制度的な制約だけでなく心理的な制約を取り除くことが、地域防災の向上にとって重要となる。災害時に一人暮らしの高齢者を手助けできるのは、遠くに住む家族ではなく、隣に住む外国人家族かもしれない。地域の人々が自然とそう思えるようになったとき、外国人住民のみならず日本人住民にとっても住みやすい地域になるだろう。

（宇都宮大学・坂本文子）

1）土井佳彦（2013）「『多文化共生社会』における災害時外国人支援を考える――東海・東南海地震に備えて」『人間関係研究』第12号，南山大学人間関係研究センター紀要，pp. 21-30
2）公益財団法人名古屋国際センター編集（2017）「外国人と地域防災」『隔月刊　ニック・ニュース』No.378，pp.1-5
3）坂本文子（2019）「在住外国人の地域コミュニティ参加に向けた中間支援の役割と可能性――栃木県中核都市A地区におけるアクションリサーチ」『地域デザイン科学』第4号，宇都宮大学地域デザイン科学部紀要，pp.35-48

▶ まとめ

「地域で支える」をテーマに、防災に取り組む身近な組織と活動、自主防災組織の作り方、地域で行える平常時の見守りや備えについて説明してきた。最後に、今後に向けて大切な視点をあらためて共有しておきたい。1つ目は、気候変動などにより、災害の内容や発生メカニズムに変化が起こっていることであり、これまでの知識や訓練では対応できないということである。東日本大震災以降、私たちは、大きな災害の度に「想定外」という言葉をどれだけ聞いただろうか。

私たち1人ひとりが持つ防災に関する常識を自らの生活や地域にあてはめてバージョンアップしなければならない。2つ目は、防災や被災後において支え合える地域社会を作ることである。豪雨や新型コロナウイルス感染症など、これまでと異なる災害に対応していくための地域防災の仕組みの見直しである。ぜひ、身近なところから行動を起こしていただきたい。自治会などの防災組織のメンバーとなれば、本章の2節や3節で示した組織や訓練の見直しを提言できるだろう。また、既存の組織のメンバーでなくてもできることがある。本章1節(2)で紹介した事例では、地域の防災に関心を持つお父さんお母さんたちが仲間となり学習会を開くなどしていた。そして、あなた1人でも、防災視点のまち散歩は始められる。

地域づくりは「現実を知る」から始まるといわれる。発災した際の生活や地域に潜む危険や、それに対応する組織の現状を知るところから始めてみよう。

参考文献

1）一般社団法人防災教育普及協会（2001）「防災教育チャレンジプラン」〈防災教育事例集〉
（http://www.bosai-study.net/search/index.php　2021.6.22 閲覧）
2）神戸市教育委員会（2013）「防災教育の主題と指導項目」『神戸発「生きる力」を育む防災教育の推進』
（https://www.city.kobe.lg.jp/documents/4323/kobehatuikirutikarawohagukumubousaikyouikunosuisin_1.pdf　2021.6.22 閲覧）
3）消防庁国民保護・防災部（2021）「地方防災行政の現況」
4）内閣府（2020）『地区防災計画の素案作成支援ガイド』
5）奈良県教育委員会（2005）「奈良県学校地震防災教育推進プラン」
（http://www.pref.nara.jp/30846.htm　2021.6.22 閲覧）

▶ 課題に挑戦してみよう！

□ ① 身近な地域における防災活動や防災組織について、課題を3つ整理し、なぜそれを課題と考えたのかの理由と合わせて説明してください。

□ ② あなたは地域防災組織のリーダーになりました。どのような方法で地域住民の防災意識を高めますか。広報、訓練、学習、組織づくりなど多様な観点がありますが、あなたが住んでいる地域を想定して、これらの1つ、または複数について、新しい取り組み方法を提案してください。

□ ③ 地域の防災には、行政や地域の企業との連携・協働が欠かせません。災害が発生する前、災害が発生した後、自治会や自主防災組織は、行政や地域の企業とどのような内容の連携・協働をできるでしょうか。また、それにより、地域住民はどのような効果を得ることができるか説明してください。

マイキーズ・アイ！　〜柴田貴史さん（鹿沼市社会福祉協議会）に聞いてみよう〜

平常時から地域で取り組む防災

Q1　防災について、地元の企業と自治会などが連携して、平常時や発災後に取り組めることにはどのようなことがありますか？

地域の防災は、地域住民だけではできないこともあります。近隣に企業や商店があれば、災害に備え、平常時から連携しておけるとよいですね。例えば、次のようなことが考えられます。災害後に買い物難民となりやすい要配慮者等に対して物資を提供する、「災害時生活物資協定」を地元のスーパーマーケットと締結する例です。また、津波や豪雨の際に浸水しやすいエリアにある中層以上の社屋を持つ企業と「災害時避難協定」を締結し、一時的に避難させてもらえるようにする例もあります。この他に、帰宅困難者への対応として社屋のトイレや休憩室、会議室等の利用、電源や通信の確保などを支援することも重要になると考えられます。防災備蓄倉庫の設置場所を事業者が所有する敷地内で確保してくれるという例もあります。また災害後には、建設や土木にかかわる事業者には重機などの資機材の提供や物資輸送における車両の提供など、専門性を活かしてもらうことが考えられます。身近な地域に、上述したような事業者がいる場合は、災害時にどのような協力が得られそうか、想定される被害や困りごとを共有し、どのように力を貸してもらえるかあらかじめ話し合っておくことが重要です。地域とともにある事業者としては、社会貢献活動の一環としてはもちろん、会社の PR にもなるため、協力してくれることが少なくありません。

Q2　例えば、自分の住んでいる・働いている建物について、事前に確認や点検をしておくとよいことはありますか？

1981 年 6 月に建築基準法改正がありました。旧基準で設計された建物と 1981 年 6 月以降に新基準で設計された建物には、震度 6 強あたりから全壊率に大きな差があることがわかっています（「提言　住宅・建築物の地震防災対策の推進のために」国土交通省 2005 年 6 月）。つまり、自分の自宅やよく利用する建物がいつ設計されたのかを把握し、避難のあり方を考えることが大切です。旧基準で設計された建物にいる人は、震度 6 以上の地震であれば、建物が倒壊する可能性が高いかもしれず、屋外避難を考える必要性が高まります。また旧基準の建物は、早期に耐震補強をするとよいでしょう。建物の崩壊はもちろん、倒壊により道路を塞ぎ、避難や救助の妨げとなることもあります。耐震改修やそれを目的とした建て替えを行う場合は、国土交通省や自治体が費用の一部を支援をしたりアドバイスを行っていますので相談してみてください。

また、耐震については、建物の構造以外に、ブロック塀の倒壊や、瓦、庇、天井の落下による被害があります。2018年6月に起こった大阪北部地震（震度6弱）では、小学校のブロック塀が倒壊し、小学校4年生が下敷きになり犠牲になりました。中程度の地震や災害によって危険になる塀などがないか、いま一度、自らの住宅、さらには地域を歩いて点検することが必要ではないでしょうか。

Q3 地域での防災訓練について何かよい事例はありますか？

宇都宮市今泉地区では数年前より自治会連合会と学校、企業などが連携し防災訓練が行われています。まず、自治会連合会では、小学校の敷地内にある防災備蓄倉庫内の点検や炊き出し訓練、小学校の体育館を使った避難所シミュレーションを行い、地域としてできることを毎年アップデート、また、小学校では全校生徒向けに避難訓練、外部講師を招いた学年ごとに異なる防災講座、はしご付き消防車の搭乗体験、人体に無害な煙を使った避難行動、消火器を使った消火訓練、最後は保護者への引き渡し訓練も行い、生徒と保護者が自宅に帰ってからも防災について考える内容です。

企業や商店からは、ガスなどの安全装置の紹介や防災備蓄品の説明があり、地域をあげて防災を考える1日となっています。

もちろん初めからこのような大規模に実施していたわけではなく、自治会連合会は学校との連携や地区内企業との連携を進めていかないと「災害対応できないのではないか」と危機感を感じ、毎年少しずつ連携が広がってきたのです。

「災害弱者」と聞いてどのような人を思い浮かべるだろうか。車いすがないと動くこともできない障害者だろうか？　それとも日本語が全くわからない外国人だろうか。「災害弱者」というけれど、では、そうでない人は「災害強者」なのだろうか？

今、この本を読んでいるみなさんは、大きな災害が起こったときに、自分は災害に対して強い存在なのか、弱い存在なのか、考えたことがあるだろうか。いったん災害が起こると、影響の範囲は様々にしても、大なり小なりそれまで通りの生活がしづらくなる。つまり、誰もが災害に対しては弱い立場にある。しかし、その中でもより大きな影響を受け、適切な支援も受けづらいまま生活の再建に時間がかかる人たちがいる。そのような「災害弱者」が十分で適切な配慮と支援が受けられるように、様々な施策が試みられてきている。

一方で、災害に遭ったときに人は災害の影響の大きさにショックを受け、将来への不安からネガティブな心持ちになることがある。このような反応は自然なことであり、多くの人は生活が落ち着いていくとともに、こころも落ち着いていく。しかし中にはこころの動揺が長引いて、なかなか復興に向けての第一歩が踏み出せない人もいる。からだの傷と同様、こころの傷も早めの手当てと他人の助けが必要である。災害におけるこころのケアについて自分自身の問題として、また自分の大事な人を助けるための手立てとして学んでおきたい。

6章
社会とこころのレジリエンス

長谷川　万由美

1 ▶ 「災害弱者」と災害に強いまちづくり

（1）災害弱者とは

大きな災害が起こったときに困らない人はいない。例えば、2018年の北海道地震のように、広範な停電が引き起こされたり、安否確認すら容易でなかったりするなど、いったん大きな災害が起こると大なり小なりそれまでの生活の変更を余儀なくされて、生活しづらくなる。その影響を受けない人はいないといっても過言ではない。誰もが災害時には弱い立場にいやおうなしに置かれるという意味では、すべての人が災害時には弱者である。

しかし、一般には「災害弱者」は女性、障害者、子ども、高齢者、日本語でのコミュニケーションが難しい外国人などを指す。そもそもこの「災害弱者」という言葉はいつから使われるようになったのだろうか？

政府の『防災白書』で最初に災害弱者という言葉が使われたのは1987年度版である。同白書では「災害弱者」を「①自分の身に危険が差し迫った場合、それを察知する能力がない、または困難。②自分の身に危険が差し迫った場合、それを察知しても適切な行動をとることが出来ない、または困難。③危険を知らせる情報を受け取ることができない、または困難。④危険を知らせる情報を受け取っても、それに対して適切な行動をとることができない、または困難」といった問題を抱えている人と定義した。そして「災害弱者」の具体例として障害者、傷病者、体力の衰えた高齢者、乳幼児、外国人が紹介されている。また災害弱者対策については、「災害が発生した場合の対応能力におけるハンディキャップ――すなわち、災害を自ら覚知し、自分のとるべき行動を判断し、身体の安全を守るための行動をとるといった一連の活動を自ら迅速に行うことが困難であるという弱点――をカバーするための対策」が必要であるとされた。

1980年代後半には高齢者や障害者が逃げ遅れて亡くなる事件が相次いでいた。1985年には長野市の土砂災害により特別養護老人ホームで26名の高齢者が、1986年には神戸市の知的障害者の施設の火災で8名の入居者が、1987年には東京都の特別養護老人ホームの火災で17名の高齢者がそれぞれ命を落とした。これらの事件から、他者の助けがなければ、逃げ遅れ、犠牲になってしまう高齢者や障害者が、災害に対抗する余地のない「災害弱者」の立場にあることがあらためて浮き彫りになった。また、危険が迫れば自分の判断で避難行動をとるものだという防災対策のそれまでの前提では、「災害弱者」を守ることはできないということが、社会に突きつけられたのである。

1991年版『防災白書』では、このような「災害弱者」でも、災害により命を脅かされず、安心して暮らせるまちづくりを目指すために、「災害弱者」の存在を明らかにし、そのような人たちも安全に避難できるようにスプリンクラーなど防災設備の整備、防災訓練の実施、緊急警報システム・避難誘導システム等の開発、地域全体で災害弱者をバックアップする情報伝達や救助等の体制づくりに取り組むべきとされた。

（2）阪神・淡路大震災での「災害弱者」の発見

しかし、1995年に起こった阪神・淡路大震災では、避難できたとしても、長引く避難生活や復興への道のりの中で取り残されてしまう人々がいることがわかった。阪神・淡路大震災では高齢者、低所得者、外国人などが多く犠牲になったとされており、特に80歳以上の死亡率が高かった。また、震災から数日経つと、高齢者の間で、胃潰瘍などのストレス病、心血管系疾患、高血圧や肺炎などの呼吸器系感染症が増加した。これらは震災後関連疾患または災害関連疾患と呼ばれ、避難先で衰弱した高齢者を医療機関に緊急に保護するなどの措置がとられた。しかし、結果として亡くなった高齢者も多く、災害そのものからの死でなく、その後の避難生活などから起こる災害関連死の問題に注目が集まることとなった。

阪神・淡路大震災では、避難から復興に至る様々な過程で取り残される障害者の存在も明らかになった。肢体不自由者の場合は、自力での避難は難しく、またバリアフリーが進んでいない当時、避難所や応急仮設住宅での車いす生活は今よりさらに困難があった。聴覚障害者や視覚障害者が情報を入手することも難しく、多くの外国人にとっても情報が得られないことが避難やその後の生活を難しくした。耐震性に問題がある文化住宅と呼ばれる古い木造アパートの被害が大きかったが、文化住宅には家賃の安さから生活保護世帯が多く住んでいた。そのため生活保護世帯の死者発生率は一般の約5倍という指摘もある（いのうえ 2008：111-116）。

このように、高齢、障害、コミュニケーションの困難、貧困など、震災以前にすでに存在していた人々の間の社会的・経済的な格差が、被災したことによってさらに広がり、結果として復旧や復興の歩みにも大きな差が生まれてしまったのである。

（3）東日本大震災での「災害弱者」

阪神・淡路大震災から16年経った2011年の東日本大震災でも「災害弱者」の存在が再びクローズアップされた。2012年の『高齢社会白書』では、東日本大震災で亡くなった方で年齢の判明している人（1万5,738人）のうち、60歳以上の高齢者が1万396人と全体の約3分の2を占めていることが紹介されている。また障害者の亡くなった方の割合も、2018年に発表された総務省東北管区行政評価局の「県市町村の津波避難対策調査」によると、全体の死亡率が0.4%であるのに対して、障害者（障害者手帳保持者）では1.66%と、障害者のほうが約4倍高いという結果が出ている（表6-1）。また災害関連死についても、認定された3,701人中66歳以上が3,279人となっており、約9割が高齢者という現状が明らかとなった。阪神・淡路大震災から東日本大震災が起こるまでの期間にも、日本は様々な大きな災害に見舞われてきたにもかかわらず、「災害弱者」への対応が十分に整備されてこなかったことが、このような現状からも明らかである。

「災害弱者」といわれる障害者や高齢者を取り巻く環境もこの間大きく変わってきている。

表6-1　東日本大震災における障害者の死亡率（宮城県）

区　分	人口a	震災による死者数b	死亡率（b/a）
総　数	2,346,853 （H23.3.1時点の推計人口）	9,471 （H24.2.29現在）	0.4
うち障害者（注2）	61,742 （H23.3.31時点の障害者手帳保持者の数）	1,028 （H24.2.29現在）	1.66

（注）1　平成24年版障害者白書の掲載資料に基づき、当局が作成

2　仙台市、亘理町、大和町は障害者の死者数を把握していないことから、「障害者」欄の数値は、いずれもこれら3市町分を除いたもの。

（出典：総務省東北管区行政評価局（2018）「県市町村の津波避難対策調査」p.64）

阪神・淡路大震災が起こった1995年に、精神保健法が精神保健及び精神障害者福祉に関する法律に改正され、精神障害者も福祉の対象となった。その後2005年に発達障害者支援法が施行され、「障害者」の範囲はより大きく拡大した。2000年には主として65歳以上の要支援・要介護状態の人が福祉サービスを受けられる介護保険制度が始まった。社会の高齢化もあり、2000年に約218万人だった要介護者は2020年度末には約681.8万人と急速に増えている。

また2000年には社会福祉法が成立し、福祉サービスの利用方法が、行政がサービスの利用を決定する措置から利用者自らがサービスを選んで契約する仕組みへと変わった。支援が必要な高齢者や障害者を行政が把握しにくくなっているのである。さらに2003年には、個人情報保護法（個人情報の保護に関する法律）が施行され、行政が情報を持っていても他の目的では活用しづらく、災害時にもデータが活用されないという問題点も明らかになった。東日本大震災では、障害者団体が安否確認や生活状況調査のために情報開示を求めたケースもあったが、開示に応じたのは南相馬市と陸前高田市のみで、多くは個人情報保護等を理由に断った。

こうした、支援対象の拡大、要支援者と行政をつなぐ制度の変化、個人情報保護など時代の変化もあって、東日本大震災では、「災害弱者」の居場所の把握や安否確認にも時間がかかってしまう自治体が少なくなかった。

（4）「災害弱者」が直面した困難

大きな災害が起こるたび、高齢者や障害者をはじめとする「災害弱者」が差別されたり、十分な配慮が受けられなかったりという状況が繰り返されている。

福島県南相馬市では、2011年3月の福島第一原子力発電所の爆発事故から市民を避難させるために市がバスを用意した。障害者の支援を行っているNPOでは、あまりに急で市が用意したバスに乗ることは無理だと最初からあきらめた。そして、職員が自分たちの車を持ち寄って、障害のある利用者たちを分乗させてなんとか南相馬市を離れて避難した。避難先では障害者が人目につくのは困ると正面からの出入りを断られたり、食事は別に用意するように言われたりなど、障害者とその支援者ということで理不尽な扱いを受けた。次第に疲れがつのり、3ヵ月で南相馬市に戻る決断をした。

発達障害や知的障害を持つ子どもを育てる親が、子どもが迷惑をかけてしまうのではという心配から遠くの親類宅に身を寄せたり、車中避難を選んだりするという話が、大きな災害が起こるたびによく聞かれる。避難所にいても障害特性が理解されないために不利益が生ずることもある。2016年4月に起きた熊本地震では、障害のため列に並ぶのが難しい自閉症の子どもの分の炊き出しの弁当を、並んだ人への手渡し以外認めないという理由から親でも受け取れないこともあったという。

自然災害ではないが、2020年からの新型コロナウイルスによる世界的感染拡大も人々に多くの影響を与えた一種の災害である。長引く感染拡大への対応により社会の中の格差が世界的にさらに拡大することが懸念されている。例えば2020年度の生活保護申請件数は22万8,000件余と2019年度より2.3%増えたが、前年より申請が増えたのはリーマンショックの影響を受けた2009年度以来11年ぶりだった。2021年3月の申請件数は、新型コロナウイルスが感染拡大する前の2019年3月と比べ16.6%増加するなど、新型インフルエンザ等対策特別措置法（2012年施行）による緊急事態宣言が何度も発令されることで、生活困窮の度合いを深めている人が少なくないことが推測される。第1回の緊急事態宣言が発令された後の2020年4月、5月には、正規労働者の数はほぼ前年同月並だった一方、非正規労働者の数は4月が前年同月比約97万人減、5月が61万人減となっており、自粛による経済停滞の中、雇用が不安定で収入も低い非正規労働者が職を離れることによりその調整弁となったと考えられる。

日本では人種による影響に関する報告はないが、イングランドの公衆衛生局は、新型コロナウイルスの感染率や発症した場合の死亡率が居住地域、経済状況、性別、人種等で異なるかを分析し報告書「COVID-19のリスクと結果における格差」にまとめている。分析の結果、白人よりも有色人種（Black, Asian and Minority Ethnic：BAME）であるほうが、感染率も致死率も高いという結果が明らかとなった。コロナ禍以前から、BAMEグループは、より貧しい状況にあり、それが健康状態の悪化にもつながっていることが指摘されていたが、報告書は、コロナ禍がBAMEグループの健康に影響を及ぼす長年の格差を露呈し、悪化させたと結論づけている。

このような、障害や高齢などある属性を持つ人々だけが社会から受け入れられない状況は災害時のみに起こっているのだろうか？　平常時でも障害、年齢、性別、国籍などを理由として差別されることや、失業や低賃金のために最低限の生活を営むのに十分な生活費も得られない事態は往々にして起こっている。大きな災害では、周囲の人たちも同じように被災の困難に直面している中、普段ある差別や偏見がより強く出てしまうこともある。つまり、そういった人々が災害時にさらに生きづらい状況になるだろうと容易に考えうる現状が、すでに社会の中にあるのだ。「災害弱者」が災害時に直面する困難さは、日常生活で抱えている困難さの延長線上にあるということに留意する必要がある。

（5）「弱さ」の社会的見方の変化

では、このような困難さの原因をどこに求めたらいいのだろうか？　障害者であれば、「障害を持っている」というその人の属性が原因なのだろうか？

何かができないということはその人個人の問題であり、変わる努力をすべきなのはその人自身であるという困難さの見方を、個人モデルまたは医療モデルという。しかし、何かができないという状態を作っているのは、その人を取り巻く環境や社会であり、変わるべきは社会のほうであるという社会モデルという困難さの見方が今は主流となってきている。例えば、歩行障害がある人が段差があるから建物の中に入れないとしたら、訓練をがんばって段差を越えられるようになれ

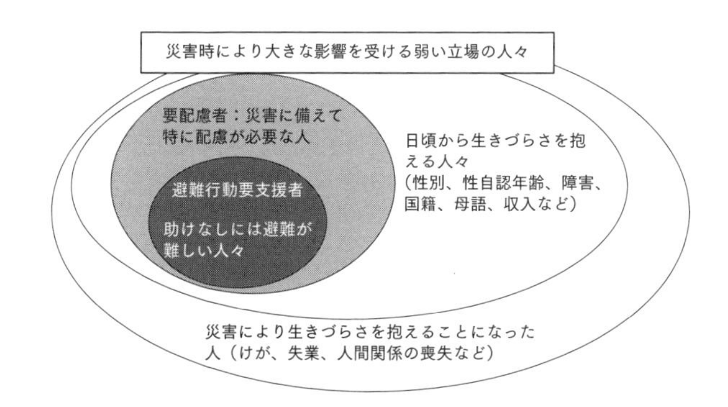

図６-１　「災害弱者」と社会（筆者作成）

コラム 6-1　基本的人権の尊重

基本的人権とは、人間が人間として当然持っている基本的な権利のことであり、日本国憲法第 11 条でも「国民は、すべての基本的人権の享有を妨げられない。この憲法が国民に保障する基本的人権は、侵すことのできない永久の権利として、現在及び将来の国民に与へられる。」と定められている。被災者の生活を考える上でも基本的人権の尊重を忘れてはならない。被災時に特に重要な基本的人権として生存権（25 条）、幸福追求権（13 条）、平等権（14 条）の 3 つを押さえておこう。基本的人権の尊重という観点からみると、「災害弱者」はそうでない人よりも、より基本的人権が侵害されやすい立場に置かれうる人たちと考え、特別な配慮を行うことが必要である。

憲法第 25 条　すべて国民は、健康で文化的な最低限度の生活を営む権利を有する。

②国は、すべての生活部面について、社会福祉、社会保障及び公衆衛生の向上及び増進に努めなければならない。

第 13 条　すべて国民は、個人として尊重される。生命、自由及び幸福追求に対する国民の権利については、公共の福祉に反しない限り、立法その他の国政の上で、最大の尊重を必要とする。

第 14 条　すべて国民は、法の下に平等であつて、人種、信条、性別、社会的身分又は門地により、政治的、経済的又は社会的関係において、差別されない。

ばいいというのが個人モデル的な考え方である一方で、入り口の段差をなくして誰もが入りやすい建物にすればいいというのが社会モデル的な考え方である。困難さの原因となるバリアには建物・道路などの物理的なバリア（障壁）以外にも、法や制度による制限からくる制度的なバリア、情報アクセスが難しいことによる文化・情報面のバリア、心の中の差別や偏見など意識上のバリアがある。

2006 年に国連で採択された障害者権利条約は社会モデルを採用し、障害者に対する差別的な取り扱いの根源となっている法制度や環境の変容を社会に迫った。日本はこの条約を批准するにあたり社会モデルの立場に立って、2011 年の障害者基本法の障害者の定義がその人自身の障害だけでなく、社会の中の様々なバリア（社会的障壁）により日常生活や社会生活に制約を受けるものに改正された。また、2012 年には障害者差別解消法（障害を理由とする差別の解消の推進に関する法律）が制定され、障害を理由とした不当な差別的取り扱いを禁止するとともに、行政や事業者が社会的障壁を取り除くための合理的な配慮を行うこととなった。このような、社会が変わらなければ困難さは解消しないという社会モデル的な見方は、性別、国籍、貧困などにも援用できる。災害時の困難さの原因がどこにあるのか、その人の属性だけでなく、困難にしている原因が社会の側にないのかを考えることで、災害時の生きづらさを緩和することができるはずである（図 6-1 参照）。

（6）多様な生きづらさへの配慮と災害時支援

障害の社会モデルは、様々な困難を抱える人を支えることができない社会の脆弱性（ヴァルネラビリティ、vulnerability）の問題を提起している。普段の生活の中で、この社会の脆弱性を放置しておくと、災害時にはさらに大きな問題となり、犠牲も大きく復興への道半ばで多くの人が取り残されてしまうことになる。そうならないために、平常時から脆弱性を問い、1 人ひとりの、そして社会の回復する力（レジリエンス resilience）（コラム 6－3 参照）を高めていく必要がある。

日頃の社会の中で様々な生きづらさを抱えやすい人たちとはどのような人たちだろうか。「災害弱者」（1 節）の例で出てきたような様々な障害や高齢による衰えなど以外でも、性別、性自認、国籍、母語、家族構成、住居、仕事、収入などによって社会の中での格差が生じ、そのことが生きづらさにつながっていく。このような生きづらさを普段から解消する社会のあり方、まちづくりが、災害にも強い、回復する力を持ったまちづくりにつながっていくと考えられる。

そのためには、当事者が参加し、当事者の意見を反映させて進めていくことが何よりも重要である。当事者しか知らない生きづらさの状況を可視化して共有し、そして様々な背景を持つ人々が主体的に計画や実践に参加していく、その過程を通して、当事者自らが人々や社会の中の脆弱性を克服する力を持つようになるというエンパワメント（empowerment）のプロセスを実現することになるからである。誰もが発言でき、互いに尊重できるような環境を整えていくことが、地域や社会全体の防災力の向上にもつながっていく。

このような観点から、災害に強いまちづくりを推進するための 2013 年施行の国土強靭化基本法でも、基本方針の中で、人命の保護のため女性、高齢者、子ども、障害者等の視点を重視した被災者への支援体制の整備の必要性が明記されることとなった（8 条 -1）。

2 ▶「災害弱者」を対象とした支援の現状

次に、度重なる災害での経験を教訓として、「災害弱者」を対象とした支援が実際にどう変ってきたのかを、主に高齢者や障害者を対象とした施策を中心にみていきたい。

（1）災害時避難の支援

災害時にまず考えなければならないのは、安全に避難するということである。「災害弱者」の避難の支援に関する方針は2000年代に入り、何回かの大きな変更がされてきている。

2006年に、内閣府は都道府県、市町村、関係機関等を対象とした『災害時要援護者避難支援ガイドライン』を策定した。その中で、災害時に、必要な情報を迅速かつ的確に把握し、災害から自らを守るために安全な場所に避難するなどの一連の避難行動をとるのに支援を要する人々を「災害時要援護者」（以下、要援護者とする）と定義し、具体的に高齢者、障害者、外国人、乳幼児、妊婦等を挙げている。この2006年のガイドラインでは、要援護者の避難支援は地域での助け合い（共助）が基本であり、普段から要援護者を地域で見守る環境を作るためには、要援護者の把握と避難を想定した事前の備えが必要とした。そのため、自治体が要援護者情報を収集して名簿を作成し、その名簿を関係者で共有すること、1人ひとりの要援護者に対して避難を助ける避難支援者を定める等、具体的な避難支援計画（以下、個別計画とする）を作成しておくことを推奨した。また2007年には「災害時要援護者対策の進め方について」が内閣府より発表され、2009年度までに自治体が要援護者の避難支援全体にかかわる計画を作成することとなった。

総務省消防庁の「災害時要援護者の避難支援対策の調査」によると、2010年度末で全体計画については全体の63.1％が策定済み、要援護者名簿は88.7％が策定中、個別計画は72.7％が策定中となっており、自治体での対応が進んできていた。

しかし、2011年の東日本大震災でも、1節で見たような「災害弱者」の支援に関する様々な問題が露呈したことから、要援護者支援を、防災計画の中に位置づける必要性が指摘された。そこで、2013 年の災害対策基本法の改正で、要援護者の支援にかかわる全体的な考え方が整理され、重要事項については防災計画の中に位置づけることになった。

同改正では、要援護者を「要配慮者」と「避難行動要支援者」に整理した。「要配慮者」とは、「高齢者、障害者、乳幼児その他特に配慮を要する者」(8 条 2-15) であり、従来の要援護者と重なる。「避難行動要支援者」とは「要配慮者のうち、災害が発生し、又は災害が発生するおそれがある場合に自ら避難することが困難なものであって、その円滑かつ迅速な避難の確保を図るため特に支援を要するもの」(49 条 10-1) と定義される。避難行動要支援者の範囲としては、要介護認定を受けている高齢者、障害者手帳所持者などがあてはまるが具体的な範囲は各自治体が設定し、個別計画を策定する。また、①市町村は避難行動要支援者名簿を作成しなければならず、その際必要な個人情報を利用できること (49 条 -10)、②市町村は本人の同意を得て平常時から消防機関や民生委員など避難支援等関係者に名簿情報を提供しておくこと (49 条 -11)、③ 災害時には本人の同意がなくても名簿情報を避難支援等関係者に提供できること (49 条 -11)、④ 名簿情報の提供を受けた者に守秘義務を課すとともに、市町村は、名簿情報の漏えい

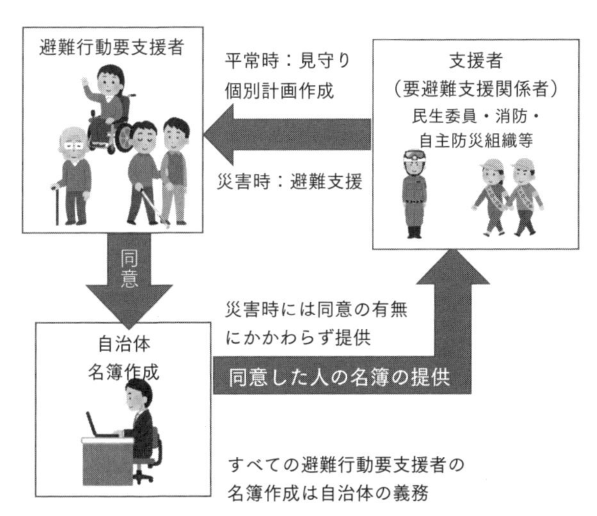

図 6 - 2　避難行動要支援者支援の仕組み (筆者作成)

防止のため必要な措置を講ずること（49条-12）などが盛り込まれた（図6-2参照）。

消防庁による調査では、避難行動要支援者名簿は、2020年10月1日現在で、ほぼ全市区町村で作成されている（調査対象1,741団体中1,727団体）。一方で、個別計画については、対象となる全員分を作成した自治体が9.7%、一部作成済みが56.9%、着手していないが33.4%となっている。自治体が自治会や民生委員らと連携して、情報伝達、避難経路、避難方法、避難時の支援者についてあらかじめ支援の計画を立てることになるが、高齢化などにより避難時の支援者確保が困難、個々のケースに対応するための自治体職員が不足などの理由から、取り組みがなかなか進まないのが現状である。そこで2021年には災害対策基本法が再び改正され自治体は個別避難計画の作成に努めなければならないとされた（努力義務）。

（2）福祉避難所

大きな災害が起こり、避難が長引いたときに必要になるのが避難所である。避難所運営を準備するときに高齢者、障害者、子育て中の人など、特に配慮が必要な避難者に対するスペースや対応手順をあらかじめ決めておくことは大事だが、予想以上に大勢が避難してきたり、被災により建物が破損したりして、計画しておいてもその通りに使えないこともある。また被災者の状態によっては、専門的な設備やケアが必要になることもある。

このような、一般的な避難所では対応が難しいケースに対し、災害対策基本法では、高齢者、障害者、乳幼児、妊産婦、傷病者、内部障害者、難病患者などで、特に配慮を要する者を対象として、相談、助言その他の支援が受けられる体制を整え、滞在に必要な居室が確保されている施設等を福祉避難所として指定できるとしている（災害対策基本法施行規則1-9及び施行令20-6-5）（図6-3）。運営に関しては内閣府が2016年に「福祉避難所の確保・運営ガイドライン」を策定している。

障害者や高齢者の通所施設や入所施設（障害者支援施設、特別養護老人ホーム等）が福祉避難所に指定されている場合が多く、2018年の内閣府の「指定避難所等における良好な生活環境を確保するための推進策検討調査」によれば、自治体のうち65.9%が高齢者施設を、40.0%が障害者施設を、38.3%がそのほかの社会福祉施設を指定している。

東日本大震災後の対応の中で上がってきた福祉避難所に関する課題として、福祉避難所の運営にかかわる専門職などの支援者の確保、福祉避難所への移送や福祉避難所から病院などへの送迎における交通手段や燃料の確保、被災者のうち誰を福祉避難所に避難させるべきかの判断、被災者の多様なニーズへのきめ細かい対応などにおいて特に問題があったことが指摘されている。

また、ある施設が福祉避難所に指定されていても、施設の利用者、職員、利用者や職員の家族、地域の住民などが避難してきており、新たな受け入れが難しかった例もある。さらに、避難所は避難者の自主的な運営が原則だが、福祉避難所を利用するような支援が必要な人たちのみで運営することは難しい（2章1節参照）。炊き出しや物品配給などの生活機能に対する、避難者の家族や地域の応援、また福祉施設が指定されている場合、施設の職員は通常の仕事を行うため、福祉避難所運営のためには施設外の専門職の支援がなければ運営は難しい。このような課題があることから、福祉避難所の指定さえしてあれば、配慮が必要な人の避難生活は安心ということではなく、通常の避難所でも地域の多様なニーズにこたえられるような運営体制をまず十分に確保していく必要がある。

なお、2021年にはガイドラインが改定され、要配慮者がより容易に避難できるよう高齢・障害など受入対象者を特定して指定福祉避難所をあらかじめ公示することになった。

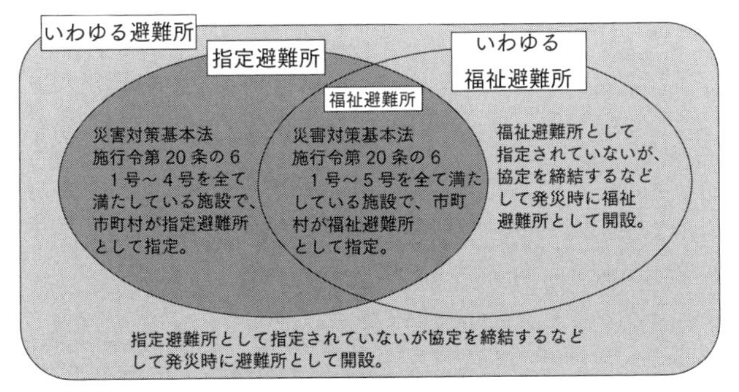

図6-3　避難所の種類
（出典：社会・援護局関係主管課長会議資料（2019年3月）「福祉避難所について」）

（3）福祉的ニーズに対応した応急仮設住宅

被災して住むところがなくなり、自らの力では住まいを確保することが難しい被災者に対して自治体が提供するのが応急仮設住宅である。応急仮設住宅は短期間で用地の選定をして建設しなければならないため、市街地から離れた、用地選定の容易なところに建設されることも多い。そのため、交通手段が少なく、通勤・通院や買い物の移動にも困ったり、知らない土地での生活から引きこもりがちになったりといった問題が指摘されている。このような影響は誰もが受けるものだが、多くの仮設住宅はいわゆる健常者が入居することを想定して作られているため、高齢者や障害者にはバリアが多く、生活上の困難もより生じやすい。

国土交通省住宅局住宅生産課が応急仮設住宅建設に関するガイドブックとして2012年に発表した「応急仮設住宅建設必携（中間とりまとめ）」では、扉の開き方（引き戸または片開き）や玄関扉等の幅への配慮、必要な部分への手すりの設置、住戸の出入り口のスロープを一定割合で設置などバリアフリーへの配慮が標準装備として示されている。しかし、標準的な仕様では、トイレや浴室の出入り口の段差や浴槽のまたぎの深さなどの住宅内のバリアが解消されていないという問題が指摘されている。また、現在の仮設住宅の仕様では、トイレや風呂場が狭くて介護者と一緒に入れない、介護用ベッドを置くには居室が手狭であるなど、介護を受けられるスペースの確保も困難な場合が多い。このような問題は阪神・淡路大震災以降の様々な震災でも指摘されてきており、徐々に工夫がみられるようになってきているが、個別のニーズに対応すること以上に、仮設住宅の早急な準備を優先せざるを得ないこともあり、いまだに解消されていない。

そこで、災害救助法では、段差解消のためのスロープや生活援助員を設置するなど、在宅サービスを利用しやすい構造および設備を有し、日常の生活上、特別な配慮を要する複数の人が入居できる福祉仮設住宅を設置ができることとなっている。図6-4にあるように、個室を基本としつつ、食事などのための共有のスペースが確保された集団生活ができる設計が基本となる。阪神・淡路大震災でも高齢者・障害者向け地域型仮設住宅として1,885戸が建設された。東日本大震災では、グループホーム型の福祉仮設住宅や、要介護高齢者等のサポート機能を併せ持つ仮設住宅の設置が進んだ。2018年には胆振東部地震で被災した厚真町と

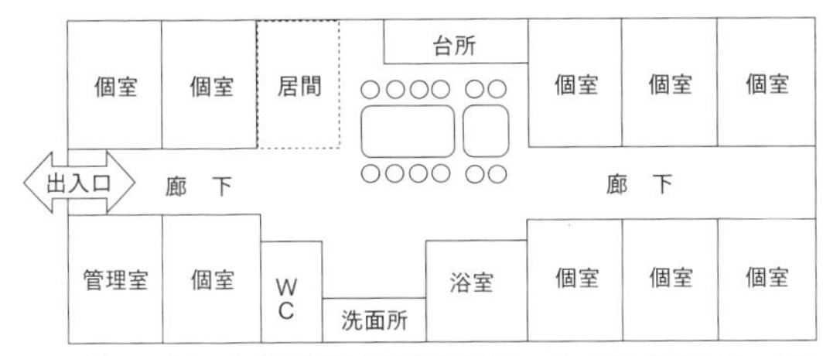

＊　グループホーム型の福祉仮設住宅において、これまでのサービスを継続して提供できている場合は介護報酬を請求することが可能。
＊　継続したサービスの提供にあたっては、これまでかかわってきた介護職員による介護サービスの提供に考慮。

図６-４　福祉仮設住宅のイメージ
（出典：厚生労働省事務連絡（2013）「応急仮設住宅地域における高齢者等のサポート拠点等の設置について」）

安平町の特別養護老人ホームと障害者支援施設の入所者らが入居する福祉仮設住宅が完成した。定員140名と福祉型仮設住宅では今までで最大である。

（4）レッドゾーン内の施設への規制

ここまで、主に自宅から避難する際の対策についてみてきた。しかし、「災害弱者」の中でも高齢者や障害者は施設や病院にいる場合も多い。いったん大きな災害が起こると、多人数が入所・入院している施設や病院から安全に避難することは難しい。1節で見たように、「災害弱者」という言葉の背景には災害によって施設入所者から多くの犠牲者が出てしまった過去の事例がある。近年でも2016年8月の台風10号による豪雨で、岩手県岩泉町の認知症高齢者のグループホームが浸水し入居者9名が、2020年7月豪雨災害では熊本県球磨村の特別養護老人ホームが浸水し入居者14名が亡くなるなど痛ましい事例が後をたたない。

2016年のグループホームの事例を受けて、2017年には水防法が改正され、浸水想定区域内にある高齢者施設など要配慮者利用施設に、避難先や移動方法などを定めた避難確保計画の作成と避難訓練の実施が義務づけられた。国土交通省の調査によると2020年8月現在、水防法に基づき市町村地域防災計画に位置づけられている要配慮者利用施設の数は7万7,964で、そのうち避難確保計画を策定済みであるのは48.3%の3万7,659施設となっている。避難訓練は避難確保計画に基づいて行うことになっているため、訓練実施施設はさらに少ないと考えられる。自治体と事業者とが連携して早急に整備していく必要がある。

すでに建てられている施設から安全に避難することだけでなく、危険な場所に要配慮者利用施設を造らないということも防災の観点からは必要である。そのため、2020年には都市計画法が改正され、土砂災害防止法に基づき指定された「土砂災害特別警戒区域（レッドゾーン）」内の要配慮者利用施設の新規の建設が許可制となった。土砂災害防止法に基づく「土砂災害特別警戒区域（レッドゾーン）」とは、崖崩れや土石流などの土砂災害が発生した場合に、住民等の生命又は身体に危害が生じるおそれのある「土砂災害警戒区域（イエロー区域）」のうち、建物に損壊が生じて住民の生命又は身体に著しい危害が生ずる恐れがあると認められる区域となっている。今後はレッドゾーンへの福祉施設の建設は許可が必要となるため、十分な災害への対策がなされない場合には、建設できないことになる。

（5）当事者参画による復興の必要性～ジェンダーの視点から

ここまで主として、避難の際に特に支援が必要となる高齢者や障害者に関する施策の進展についてみてきた。しかし、1節でみたように「災害弱者」の範囲はもっと広範である。その中でも、近年急速に対応が進んできているのが、災害が起きた際の、ジェンダーによる格差の問題である。例えば、着替えやトイレの不便、性犯罪への不安など、女性であるがゆえの悩みがあっても、「こんな大変なときにわがままは言えない」と我慢してしまい声を上げられないという状況がある。また、そもそも避難所の運営から復興計画の策定までが、男性中心に進められ、女性の声が反映されづらいとの声も少なくない。東日本大震災での避難所等の調査なども踏まえ、このような問題の解消のため、政府は2013年に自治体取り組みの基本的な事項を「男女共同参画の視点からの防災・復興の取り組み指針」にまとめた。取り組み指針は2020年に改定され表6-2のような7点が基本

表6-2　男女共同参画の視点からの防災・復興の基本方針（2020年5月）

1	平常時からの男女共同参画の推進が防災・復興の基盤となる
2	女性は防災・復興の「主体的な担い手」である
3	災害から受ける影響やニーズの男女の違いに配慮する
4	男女の人権を尊重して安全・安心を確保する
5	女性の視点を入れて必要な民間との連携・協働体制を構築する
6	男女共同参画担当部局・男女共同参画センターの役割を位置付ける
7	要配慮者への対応においても女性のニーズに配慮する

的な考え方として示されている。

また、防災へ女性の声を反映させるためには、計画等の意思決定への女性の参画が必須である。しかし、2011年には25％の都道府県防災会議に女性委員が一人もいないなど女性の参画は遅れていた。その理由として、防災会議委員の職指定（いわゆる「充て職」）があること、指定される職（組織の長）に女性が少ないことなどが考えられる。2012年には災害対策基本法の改正により、自主防災組織を構成する者又は学識経験のある者を任命することができるようになり、これを活用した女性委員の登用が増えている。『2020年版防災白書』によれば、2020年4月現在で、自治体の防災会議の委員に占める女性の割合は，都道府県防災会議が16.1％、市区町村防災会議が8.8％となっている。委員の4割以上を女性が占めている徳島県、島根県、鳥取県のような自治体がある一方で、市区町村防災会議の約5分の1では1人も女性委員がいないなど女性の参画は地域により大きな差が出てきているのが現状である。

意思決定の場での男女のジェンダーギャップは、防災だけに限ったことではない。世界経済フォーラムは、各国の男女の差を経済参加・政治参加・教育・生活の側面から指数化してジェンダー・ギャップ指数として発表している。2021年の発表では、日本は調査された156ヵ国中120位、先進国首脳会議（G7）の中でも最下位だった。G7中6位のイタリアは156ヵ国中63位であり、日本はイタリアからも大きく引き離される結果となっている。基本方針の冒頭に「平常時からの男女共同参画の推進が防災・復興の基盤となる」とあることを真摯に受け止め、社会全体でジェンダーによる差別、偏見のない社会を作っていく必要があるだろう。

ジェンダーの視点を災害支援に入れていくことは、男／女の差に限らず、性にまつわる様々な問題をも再検討することにつながる。その1つとしてSOGI（ソジ：Sexual Orientation and Gender Identity、性的指向・性自認）（コラム6-2参照）への配慮がある。電通の「LGBTQ＋調査2020」によれば「異性愛者であり、生まれた時に割り当てられた性と性自認が一致する」（ストレート層）とは答えなかった人（セクシュアルマイノリティ）の割合は8.9％だった。人口の中でのセクシュアルマイノリティの割合は決して少なくない。今後は、ジェンダーだけでなく、このような性の多様性に配慮した支援が求められる。

コラム6－2　性の多様性（SOGI）とは

性的少数者（セクシュアルマイノリティ）の総称として使われることが多いLGBTはレズビアン（女性同性愛者）、ゲイ（男性同性愛者）、バイセクシュアル（両性愛者）、トランスジェンダー（自分の身体に違和を感じる人）の頭文字を取った言葉である。性的指向が定まっていない（クエスチョニング）などその他の性的少数者を含む総称としてLGBTQ＋という言い方もある。一方、SOGI（ソジ）とは、性的指向（好きになる性Sexual Orientation）、性自認（心の性Gender Identity）のアルファベットの頭文字を取った、「性に関する人の属性を表す略称」である。性に関してすべての人が何らかの指向と自認を持っているため、SOGIはすべての人にかかわる性の多様性を表す尺度となる。ちなみにLGBTのLGBはSOにかかわる部分、TはGIにかかわる部分となる。最近ではこれに、性に関する表現（Gender Expression）、性に関する身体的特徴（Sex Characteristics）も加えてSOGIESC（ソジエスク）と呼ばれることもある。誰もが性的指向、性自認、性表現、性に関する身体的特徴を持っている。生まれ持っての身体的性別に違和感なく振る舞い、異性が性的指向の対象である人が数の上ではマジョリティとされるが、その現れ方は1人ひとり違うものであり、ある特徴を理由とした差別や、自分にないものに対する偏見のない社会に向けた取り組みが必要である。

3 ▶ 被災時のこころのケア

（1）被災者のこころの様子

大きな災害が起こると、被災者は大きなストレスにさらされる。その影響はからだだけでなくこころにも及ぶが、時間の経過により和らいだり、周囲のサポートにより軽減したりすることもできる。本節では特にこころの変化に焦点をあててみたい。

被災者のこころの動きは、以下のように3つの時期に分けられる（図6－5）。被災後、数日間は、突然のことに思考や感情が停止したようになり、将来への漠然とした大きな不安から体調不良に陥ることもある。この時期は①茫然自失期といわれ、中にはつらい経験を繰り返し思い出してしまったり、現実感を失ったりする急性ストレス反応（ASD）を起こす場合もある。

災害から数日が経ち、少しずつ様子もわかってくると、避難生活に適応し、復興に向けて周りの人と協働して進もうという気持ちが生まれてくる。この時期は②ハネムーン期と呼ばれ、数週間から数ヵ月続く。とにかく生活していくために忙しい時期であり、避難所にいれば運営のルールを作ったり、外部からの支援者を受け入れたり、被災後の新しい生活に自分を適応させていくことに集中することが求められる時期でもある。

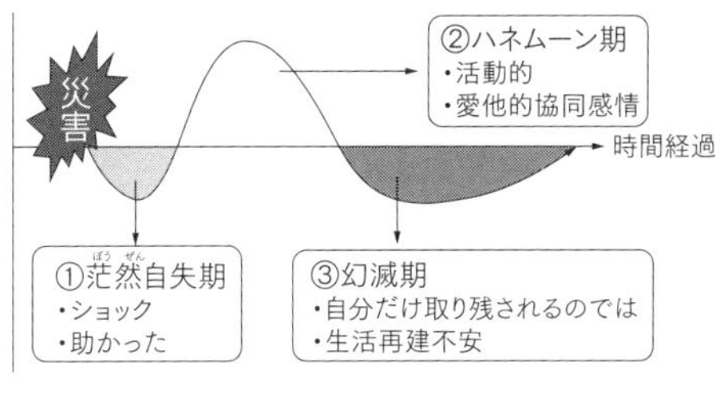

図6－5　被災者に起きる反応の時間経過
（出典：小原・酒井（2007）p.172）

しかし、思っていた以上に避難生活が続いたり、緊張が強いられたりすると、それまでのストレスの蓄積や将来への不安から無力感や倦怠感に襲われたり、些細なことでの周囲とのいさかいが多くなったりする。また数ヵ月経つと報道などが少なくなり、社会から無視されているように感じることも多くなる。そうなると立ち行かない現実にがっかりし、③幻滅期となる。急性ストレス反応のような状態が長期に続く外傷後ストレス障害（PTSD）や睡眠障害、うつ状態などが生ずる場合もある。

これらの過程を経て、復興が具体的なものとなってくると、徐々に前向きな心持ちが保てるようになる。しかし、復興への過程は一様ではなく、そこから取り残されてしまう人や地域が出てしまうこともある。また、避難所から仮設住宅、そして公営復興住宅などへの移動に伴う被災後の生活の急激な変化や、それまでの人間関係の消失などから、精神的な不調に陥る場合も少なくない。

（2）被災者のこころのセルフケア

誰もが経験しうる、このようなこころのあり様に対処するために被災者自身ができること（セルフケア）は何だろうか。また周囲の人はどのように接していったらいいのだろうか。内閣府は、東日本大震災後の2011年6月に発災からの段階に応じたこころのセルフケアのための「ほっと安心手帳」を作成した。発災から半年後、1年後、1年後以降の期間に対応した3種類が用意されている。発災

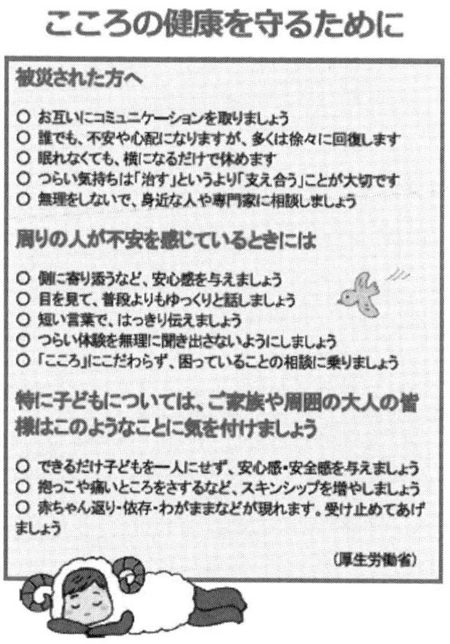

こころの健康を守るために

被災された方へ

○ お互いにコミュニケーションを取りましょう
○ 誰でも、不安や心配になりますが、多くは徐々に回復します
○ 眠れなくても、横になるだけで休めます
○ つらい気持ちは「治す」というより「支え合う」ことが大切です
○ 無理をしないで、身近な人や専門家に相談しましょう

周りの人が不安を感じているときには

○ 側に寄り添うなど、安心感を与えましょう
○ 目を見て、普段よりもゆっくりと話しましょう
○ 短い言葉で、はっきり伝えましょう
○ つらい体験を無理に聞き出さないようにしましょう
○ 「こころ」にこだわらず、困っていることの相談に乗りましょう

特に子どもについては、ご家族や周囲の大人の皆様はこのようなことに気を付けましょう

○ できるだけ子どもを一人にせず、安心感・安全感を与えましょう
○ 抱っこや痛いところをさするなど、スキンシップを増やしましょう
○ 赤ちゃん返り・依存・わがままなどが現れます。受け止めてあげましょう

（厚生労働省）

図６-６　災害発生直後から半年のアドバイス
（出典：ほっと安心手帳）

から半年後までの手帳によれば、こころの健康を守るためには無理をしないで周りの人に相談したり、周りの人と支え合うこと、そして周りの人はこころの問題にこだわりすぎずに、今ある困りごとの相談にのっていくことが勧められている（図6-6)。そして少しでも乗り越えやすくするための対応方法として、「休息をとる」「食事や睡眠を十分にとる」「お酒やカフェインの取り過ぎに注意する」「心配や不安を１人で抱えずに周りの人と話す」「お互いに声をかけあう」などが挙げられている。

（３）被災者のこころの支援

こころのセルフケアは効果的だが、災害のショックや慣れない生活のために落ち着いて対処することが困難な場合も少なくない。このような場合には周囲からの適切な支援が立ち直ることの助けになる。こころの支援・ケアというと専門職が行うものと考えられがちである。もちろん、被災後には、精神科医療やカウンセリングなど専門職による支援を必要とする状態もある。しかし、被災したことによるショックは誰にでも起こることであり、そこからの回復の支援は専門家でないとできないわけではない。そもそも、大きな災害が起こったときに、こころのケアの専門家がそばにいることのほうがまれである。大きな災害が度重なって起きている日本では誰もが被災者になる可能性があると同時に、誰もが被災した人のこころの支援者になる可能性がある。そのときのために基本的な心構えを知っておくことが大事である。

災害時支援を専門とする人でなくとも、こころのケアができるようにWHO(世界保健機構）が基本的な知識や技術を整理したのが、心理的応急処置（Psychological

コラム6－3　レジリエンスとは

困難やつらい経験に直面すると「へこむ」ということがある。『大辞林（第四版）』によれば、「へこむ」とは「主に若者語で、一時的に気分が落ち込み、意気消沈する意」である。へこんでもすぐに立ち直る人もいれば簡単に立ち直れない人もいる。その違いがわかれば、より早く立ち直ることができるのではないかと、心理学や精神医学で研究されはじめたのが、こころのレジリエンスである。レジリエンスとは、元々は物理学分野での概念に由来しており、「復元」「跳ね返す力」「回復力」「弾力性」といった特性のことを指している。例えば、ボールを指で押すと表面がへこむが、指を離せばすぐに元の形に戻る。このように困難に押しつぶされない復元力をレジリエンスという。

表6－3　心理的応急処置（PFA）による支援

・直接役に立つケアや支援を提供する、ただし押しつけない
・ニーズや心配事を確認する
・生きていく上での基本的なニーズ（食料・水・情報など）を満たす手助けをする
・話を聞く、ただし話すことを無理強いしない
・安心させ、心を落ち着けるように手助けする
・その人が情報やサービス、社会的支援を得るための手助けをする
・それ以上の危害を受けないように守る

（出典：WHO（2011＝2012）p.13）

First Aid : PFA）である。PFA は国際的にも浸透しており、2011 年版は日本語に翻訳もされている。PFA では、被災者の安全、尊厳、権利を守ることが大前提であり、支援を押しつけず、相手の立場になって本人が本当に困っていることに共感することで、最後は自分で解決できるように本人の回復を応援する姿勢が求められる（表6－3参照）。なお、自分1人では抱えきれない、あるいはこれ以上踏み込むと自分も巻き込まれてしまうと考えられる場合には、医師、ソーシャルワーカー、カウンセラーなど適切な援助の専門職につなぐことも必要である。

（4）支援者のこころのケア

震災がもたらすトラウマやストレスについて、宮地（2011）は環状島（かんじょうとう）を用いて説明している（図6－7）。環状島とは真ん中に内海があるドーナツ型の島で、内海の中心には亡くなってしまった人や災害に打ちのめされてしまった人が沈んでいる＜犠牲者＞。そこから立ち直ろうとする人々は海中から内斜面を上がって

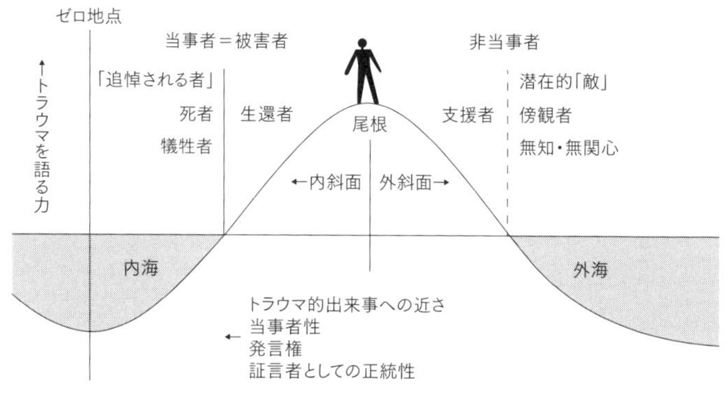

図６-７　環状島と支援者の立ち位置
（出典：宮地（2011）p.9）

くる。声をあげられるのは環状に海から出ている島の尾根に上がっている人だけである<生還者>。

一方、環状島を取り巻く外海には被災しなかった人々がおり、災害に関心がなかったり、そもそも知らなかったりする人もいる<傍観者>。内海の人たちの声は尾根を上がらなければ聞こえてこない。その声を聞こえるようにするために、被災者を引き上げようとする人たちが現れる<支援者>。中には仕事としてこの役割を担うことになる人もいる<専門職としての支援者>。しかし、尾根に立って両側からの風を受けることになる支援者も、当然様々なストレスにさらされる。不慣れな土地で危険と背中合わせでの活動となることもあるし、被災時には支援者もまた被災者であることもある。こうした支援者のこころのケアも忘れられがちだが、必要なことである。

また、自分が被災したわけではないのに、惨状にふれることが大きなストレスとなることもある。被災地の惨状の中での支援による惨事ストレスや、被災者や遺族から話を聞くことであたかも自分が体験したかのように感じてしまう代理受傷（二次的受傷）などが起きやすい。支援者は惨状を知れば知るほど、助けたいという気持ちが強くなり、自分にできることの少なさにジレンマを感じることも多い。また支援者間の方針の違いや感じ方、能力の違いなどもストレスとなる。これらに被災地での慣れない生活や支援の疲れなどが重なると、相手に共感しすぎて自分の感情もひきずられて疲れてしまう「共感疲労」や仕事にエネルギーを取られ疲れ果ててしまう「燃え尽き（バーンアウト）」という状態に陥り、支援を続けることはできなくなってしまう。そのような状態に陥らないためにも、十分な睡眠や栄養をとり、適度に気分転換をするなど健康に留意した生活を送ることが大切である。また、支援者向けのチェックリストで自分のこころやからだの様子を確認する、意識的に気分転換や休養をとる、1人でためこまず信頼できる人と話をする、支援の期間をあらかじめ決めておくなどのセルフケアを自分に合った方法で心がける必要がある。

▶ まとめ

本章では「災害弱者」とこころのケアについて扱った。最後に、なぜこの2つが1つの章に入っているかについて考えてみたい。1節では、「災害弱者」とされている人たちは、その人たちの中に弱さがあるのではなく、大きな災害が起こってしまうとすべての人を内包しきれない弱さを社会が持っているために、排除されてしまう人たちであるということを学んだ。また2節では、そのような社会の中の弱さを補強するための様々な取り組みを紹介した。一方、私たちのこころは大きな災害に遭うとそれまでの日常から隔絶され、孤立しがちなため、こころが弱ってしまうことがある。3節では、被災のショックからこころを守るためのセルフケアや支援のこころ構えについて考えた。

共通するのは、社会もそして私たち自身も災害に対して決して強くない、脆弱な（vulnerable な）存在であるということである。この2つの脆弱性、すなわち災害弱者を生み出してしまう脆弱な社会の構造と、災害に遭うと傷つきやすい私たちのこころの双方のレジリエンスを高め、災害から立ち直る強さを持つ必要がある。このレジリエンスこそがこの章に通底するテーマであった。

しかし、災害に対するレジリエンスだけを考えていけばいいのだろうか？　物事を難しくしている個別の障壁を解消していくバリアフリーという取り組み方に対して、最初から多くの人が使いやすい、生活しやすい社会を作っていこうというユニバーサルデザインという取り組み方がある。社会のユニバーサルデザイン化を進める中で個別の障壁も解消され、社会全体の脆弱性も克服されていき、結果として災害に対するレジリエンスも高まると考えられる。例えば2節でみたように、日本社会では女性に対する様々な障壁があり、その結果、ジェンダーギャップが非常に大きくなっている。様々な場面でジェンダーに関わりなく誰もが活躍しやすい社会を作っていくことがジェンダーギャップを縮め、結果として災害時のジェンダーギャップも縮めていくことになり、それが災害へのレジリエンスとなる。

災害時のこころのあり様についても同じである。災害時にだけくじけない心構えというものは考えづらい。普段から自分のこころの健康に配慮し、周りの人と助け合えるようなまちづくりを目指していくことが大切になるのではないだろうか。

参考文献

1）Public Health England(2020) “Disparities in the risk and outcomes of COVID-19”「COVID-19のリスクと結果における格差」
2）いのうえせつこ（2008）『地震は貧困に襲いかかる―「阪神・淡路大震災」死者6437人の叫び』花伝社
3）小原真理子・酒井明子監修（2007）『災害看護―心得ておきたい基本的な知識』南山堂
4）厚生労働省事務連絡（2013）「応急仮設住宅地域における高齢者等のサポート拠点等の設置について」（https://www.mhlw.go.jp/stf/houdou/2r98520000019qpz-img/2r98520000019uvv.pdf　2021.6.24閲覧）
5）社会・援護局関係主管課長会議資料（2019年3月）「福祉避難所について」
6）世界保健機関（WHO）、戦争トラウマ財団、ワールド・ビジョン・インターナショナル（2011）「心理的応急処置（サイコロジカル・ファーストエイド：PFA）フィールド・ガイド」世界保健機関：ジュネーブ（訳（独）国立精神・神経医療研究センター、ケア・宮城、公益財団法人プラン・ジャパン、2012）（https://saigai-kokoro.ncnp.go.jp/pdf/who_pfa_guide.pdf　2021.8.10閲覧）
7）総務省東北管区行政評価局（2018）『「県市町村の津波避難対策調査」結果報告書』
8）独立行政法人国立精神・神経医療研究センター監修（2011）「読んで役立つほっと安心手帳～第一弾（災害発生直後～半年）」内閣府発行（https://www8.cao.go.jp/souki/koho/anshintetyo.html　2021.6.24閲覧）
9）内閣府「災害史・事例集」（http://www.bousai.go.jp/kyoiku/kyokun/index.html　2021.6.24閲覧）
10）宮地尚子（2011）『震災トラウマと復興ストレス』岩波書店
11）吉田妙子（2021）「LGBTQ+の『Q+』の存在を知っていますか？～最新調査レポート」電通報（https://dentsu-ho.com/articles/7788　2021.8.10閲覧）

▶ 課題に挑戦してみよう！

□ ①「災害弱者」になりやすい属性にはどのようなものがありますか？　その中の１つを選び、災害時にどのような配慮が必要となるのか、また実際にどのような対応がされてきているかをまとめてみましょう。さらに、そのような人たちの現在の日本における状況と課題を整理してみましょう。

□ ② あなたが住んでいる自治体など１つの自治体を取り上げ、本章２節「「災害弱者」を対象とした支援の現状」で挙げられていた施策についてどのような準備がされているのかを整理してください。もし過去に大きな災害が起きた地域であれば、災害時にその準備がどのように活かされたかも調べてみましょう。

□ ③ こころのレジリエンスを高めるにはどんな方法があるでしょうか？　自分の考えだけでなく、周囲の人に話を聞いたり、文献を読んだりして、できる限り多くの方法を書き出してみましょう。またその中から、今まで試したことがないような方法に挑戦してみましょう。

マイキーズ・アイ！　～柴田貴史さん（鹿沼市社会福祉協議会）に聞いてみよう～

災害弱者とこころのケア

Q1　福祉避難所というものがあるのなら、避難所では、福祉的な視点はあまり意識しなくてもいいのでしょうか？

避難所生活での困難さに応じて優先順位を見極めて、より必要な人から福祉避難所に受け入れを要請するのが今の流れです。そうはいっても、治療や専門的な介護が必要な人は入院や入所で対処したほうが安心です。つまり、福祉避難所に移ることが必要な人は、入院や入所が必要なほどではないが、介護や医療の専門家の助けが日常的に必要な人ということになります。その他にも、介護に必要な電源が確保できないとか、段差があってトイレに入りづらいとか、避難所になっている建物などの限界によることもあります。

ただ、避難所開設後すぐに見極めや移動ができるわけではありません。事前に作成してある災害時要配慮者の名簿で確認すればいいという考えもありますが、被災後に介護や医療が必要になった人は名簿には入っていません。当初は特別な配慮は不要と思われた人でも、避難生活が長引くと、避難生活に馴染めない、生活リズムが狂ってしまうなど、体調を崩す人も多くなります。だから、要配慮者かどうかにこだわらず、今、医療や介護が必要かという福祉的視点に立った支援が、一般の避難所でも大事だと思います。

Q2　支援全般において福祉的視点が必要なことはわかりました。具体的にはどんなことに気をつけたらいいのでしょうか？

良かれと思ってしたことが、結果的には良くなかったこともあります。避難者が高齢者でトイレに行ったりするのに、扉の近くを居場所にしたほうが楽じゃないかとみんなで相談して扉の近くに移ってもらったのに、今度は、「扉の音など24時間音がうるさい」「隙間風が入り寒い」「出入りする人が自分を見ているようでイヤだ」など居づらくなってしまったことがあります。しかも、その本人は「みんなが配慮してくれたのだから」と、素直に困っていると言えませんでした。助けてもらったことで、言いたいことが言えなくなってしまうのでは逆効果ですね。みんなで見守るという気持ちで、困ったことがあれば言いやすい雰囲気を作れるといいと思います。避難所にいる人の人間関係をよく見ていて、キーパーソンになりそうな人に見守りにつながるような声掛けをするとか、自分がその人の立場だったらどう感じるか考えてみるとか、そんなところから始めるのがいいと思います。

グローバル化が進み、災害の影響や支援活動も国境を越えている。本章では、まず海外に目を向け、防災の国際的な基準や枠組ができた背景とその変遷、具体的な内容について解説する。国際的な動きは私たちの生活とどのようなつながりがあるのだろうか。次に、災害をきっかけとした他の国や地域とのかかわりについて考える。ここでは東日本大震災を事例に、まず海外から日本へどのような支援が行われたのか解説する。そして視点を変えて、日本から海外へ行われている支援、日本政府や民間団体、また官民連携による防災分野の国際協力支援についても解説する。災害をきっかけに国境を越えて広がる助け合いや学び合いについて議論を深めたい。

7章

グローバルな視点からの地域防災

飯塚　明子

1 ▶ 国際基準と国際的な枠組

（1）国境を越える人道支援に関する国際基準「スフィア基準」

これまで各章でみてきたように、人命の救助、けが人の処置、避難所の設営、水や食べ物などの必要な物資の配布、様々なニーズを持つ被災者への対応など、国内外の災害現場では、官民問わず多くの支援団体が、被災者のニーズの把握や適切な支援のあり方を模索している。では、被災者にとって必要な支援とはいったい何だろう。

日本では災害というと自然災害と捉えることが多いが、1章1節で言及したように、災害とは自然災害だけではなく、人為的な要因により生じる被害も含む。1990年代を振り返ると、人道支援機関による国際的な活動が増加した。特に1994年のルワンダの大虐殺では、100日間で50～100万人が虐殺されたといわれ、適切な支援を受けるべき難民キャンプでも、十分な支援が届かずに8万人以上が亡くなった。

この過ちを繰り返さず、災害や紛争時の人道支援における活動の質を向上し、被災者の人権を保護するために、世界中のNGOグループ、国際赤十字と赤新月社連盟の運動により1997年からスフィア・プロジェクトが始まった。プロジェクトをまとめた成果物として、2000年に『スフィア・ハンドブック（The Sphere Handbook）』が発行された。その後改定を重ね、日本語を含む30言語以上に翻訳され、最新版は2018年版である（図7-1）。本書において示されているスフィア基準は、現在、世界中で発生する自然災害や紛争の支援における最も代表的な国際基準である。

『スフィア・ハンドブック』には、最も重要な原則が2つある。

1）災害や紛争のすべての被災者は尊厳のある生活を営む権利があり、援助を受ける権利がある。

2）災害や紛争による苦痛を軽減するために実行可能なあらゆる手段がつくされるべきである。

このことは、被災者がかわいそうだから支援するということではなく、あらゆる被災者は、人として支援を受ける当然の権利を持つことを意味する。そのためには支援する側は、活動の質を向上することや、被災者への説明責任（accountability）を果たすことが求められている。

この2つの原則を守るために何が必要かという観点から、以下のような4つの主要分野をカバーし、具体的な基準や指標が説明されている。

1）給水、衛生、衛生促進

2）食料の確保と栄養

3）シェルター、居留地、ノン・フードアイテム（非食料物資）

4）保健活動

図7-1
『スフィア・ハンドブック2018年（日本語版）』

例えば、避難所で1人につき最低限必要なスペースやトイレの数、水の供給量、食料の栄養価など、上記4つの幅広い分野の詳細な基準や指標が記されている。そのためすべての内容を読み理解するというより、避難所運営や緊急物資の配布などに係る自治体関係者やボランティア、支援機関などがガイドブックとして活用することができる。また、支援者側が活用するだけでなく、支援対象者にとっても、国際基準に照らして現状の改善を提案する際の根拠として重要な役割を果たす。ただし、被災地の自然環境や宗教文化などにより状況は異なるため、すべての基準や指標を満たすことが目的ではなく、被災者の尊厳ある生活を確保するために何が必要かということを説明する。特に災害発生直後の緊急時には、基準を満たす支援をタイムリーに行うことは実現不可能な場合があるかもしれない。その場合は指標と現状との差を説明し、被災者への悪影響を最小限にするために適切な代替措置をとることが必要となる。

特に国境を越える災害や支援活動において、スフィア基準は共通の言語としても重要である。2019年末に発生した新型コロナウイルス感染症は世界中の人々に深刻な影響を与え、1つの国や地域だけで解決することは不可能である。新型コロナウイルスの感染が広がる中、すべての感染者に対して、スフィア基準に基づき適切な治療が行われているのかどうか、また感染者の家族や医療従事者といった濃厚接触者に対してどのような態度で接するべきか、スフィア基準に照らし合わせて考える必要がある。

日本国内の災害対応や復旧支援においても、国際基準は課題である。1995年に発生した阪神・淡路大震災は仮設住宅とその後の復興住宅でも多くの孤独死を生んだ。また2016年の熊本地震では、スフィア基準を上回る密集した避難所で、避難生活を余儀なくされた被災者もいた。地震後の避難生活によるストレスや持病の悪化などで亡くなる災害関連死（1章1節参照）の死者数は200名を超え、実際に地震で亡くなった死者数50名を大きく上回っている。熊本地震では、災害で生き残った人の中でも、その後の復興過程で亡くなった人が多くいるという現実が明らかとなり、適切な支援のあり方が求められている。

スフィア基準は人命救助や避難所の設営など、緊急時の人道支援に加えて、災害が発生する前の対策や、主な支援の時間軸の中で復旧・復興といった長期的な支援も視野に入れている。子どもや高齢者、障害者への配慮や、長期的な心理社会的なサポートもスフィア基準に明記されている。東日本大震災では、発生から10年が経ち、避難所から仮設住宅、そして自宅の再建や集団移転（2章1節参照）、公営住宅などへ転居し、震災前の生活コミュニティから環境が大きく変化した被災者も多い。筆者が行った宮城県気仙沼市での聞き取り調査（2017年8月）では、災害公営住宅へ引っ越しした人の多くは高齢者で、災害発生前までのコミュニティから断絶され、隣りに誰が住んでいるのかわからない状況で、慣れないマンションでひきこもりにより健康状態が悪化している人もいる。支援のあり方や被災者の人権の保護は、災害直後だけではなく長期的な復興期においても求められている。

（2）防災に関する国際的な枠組「仙台防災枠組」

次に防災の国際的な枠組として、「仙台防災枠組」がある。2015年3月に仙台で開催された第3回国連防災世界会議で、各国による議論の結果採択された、防災に関する世界レベルの指針である。東日本大震災の教訓を活かして作られた仙台防災枠組には、私たちにとって身近な内容が含まれている。防災のためにはどのような考え方が大事なのだろうか。震災の教訓として世界に何が伝えられるのだろうか。そして私たちに何ができるのだろうか。

表7-1は、防災分野の国際潮流とその枠組、参考になる他の分野の枠組につ

いてまとめたものである。前述したスフィア基準と同じように、防災分野の国際的な枠組の議論も1990年代に始まった。表7-1にあるように、国連は1990年代を「国際防災の10年」と定め、その中間年の1994年に横浜で第1回国連防災世界会議を開催し、「横浜戦略と行動計画」を策定した。1990年代は自然災害に対してインフラや科学技術が対応するというのが基本的な考え方だった。「国際防災の10年」が終わる2000年に、国連はそれを継承する組織として、国連防災機関（United Nations Office for Disaster Risk Reduction）をジュネーブに設立した。

横浜枠組から約10年後の2005年1月に、阪神・淡路大震災から10年を経た神戸で第2回の国連防災世界会議が開催され、「兵庫行動枠組2005-2015」（Hyogo Framework for Action 2005-2015）が採択された（表7-1）。1994年の横浜戦略ははじめての国際的な防災の手引きを146ヵ国の代表者が採択したという点で意味があり、2005年の兵庫行動枠組は、より具体的に様々なレベルで目標や優先すべき行動を策定したことがポイントといえる。また会議の3週間前に発生した2004年12月のスマトラ沖地震津波で甚大な被害が生じ、世界的に防災意識が高まる中で、従来の災害発生後の支援や対応だけではなく、事前に災害の被害を軽減する予防の重要性が強調されるようになった。

さらに10年後の2015年に、東日本大震災の被災地である仙台で、第3回の会議が開催された。会議では、187ヵ国の代表者が2030年までの15年間の国際的な防災の枠組として、「仙台防災枠組2015-2030」（Sendai Framework for Disaster Risk Reduction 2015-2030）を採択するために、兵庫行動枠組の期間中の10年間の成果や課題を議論した（表7-1）。この枠組の対象は、自然の要因、または人為的要因による、規模の大小や頻度等にかかわらないあらゆる災害リスクとされ、対象とするリスクを自然災害のみならず、環境破壊や事故、感染症などの人為的行為によって引き起こされるリスクが明確に記された。

表7-1　防災分野の国際潮流と枠組

年　代	防災に関連する世界の主な出来事 （＊は大災害）	防災に関する 国際的な枠組	その他の 国際的な枠組
1990 年代	国際防災の10年 （International Decade for Natural Disaster Risk） ＊1995年阪神・淡路大震災	1994年横浜戦略と行動計画 （Yokohama Strategy & Plan of Action for a Safer World）	1992年気候変動に関する国連枠組条約 （United Nations Framework Convention on Climate Change）
2000 年代	国連防災機関の設置 （United Nations Office for Disaster Risk Reduction） ＊2004年スマトラ沖地震津波 2005年神戸で第2回国連防災世界会議が開催	兵庫行動枠組2005-2015 （Hyogo Framework for Action 2005-2015）	ミレニアム開発目標 （Millennium Development Goals） 2005年京都議定書 （Kyoto Protocol）
2010 年代	＊2010年ハイチ地震 ＊2011年東日本大震災 2015年仙台で第3回国連防災世界会議が開催 ＊2015年ネパール大地震	仙台防災枠組2015-2030 （Sendai Framework for Disaster Risk Reduction 2015-2030）	2015年持続可能な開発目標 （Sustainable Development Goals） 2015年パリ協定 （Paris Agreement）

兵庫行動枠組の採択以降、各国の防災の取り組みは続けられ、様々な国や地域の多様な人々が防災の活動に積極的に参加するようになったのは主な成果である。その一方で、仙台防災枠組によると10年の間に世界で70万人以上の命が失われ、2,400万人が住む家を失い、15億人以上の人が災害の影響を受けている。そこで、仙台防災枠組では、2030年までの15年間の国際的な防災の枠組として、4つの優先すべき行動（priorities for action）と7つの目標（global targets）を策定し、達成度を測るようになった（表7-2）。

表7-2の優先すべき行動を身近な例で考えると、行動1の「災害リスクの理解」は、例えば住んでいる地域でこれまでどのような災害があったか知るために、自治体が出しているハザードマップを調べたり、自分で地域を歩いてみて、将来どのような災害が起こり得るか考えることができる。その情報をもとに災害に備えたり、家族や地域の人と共有することもできる。

優先すべき行動2「災害リスク管理の強化」では、国や自治体が災害リスク管理を強化したり、体制を整えるだけではなく、市民の視点で自治体が行っている防災対策が有効かどうかをチェックしたり、地域の防災訓練や研修に積極的に参

表7-2　仙台防災枠組の4つの優先すべき行動と7つの目標

4つの優先すべき行動（priorities for action）
1　災害リスクの理解
2　災害リスク管理の強化
3　レジリエンスのための災害リスク削減への投資
4　災害に備え、効果的な応急対応とより良い復興（Build Back Better）の実現
7つの目標（global targets）
1　2030年までに災害による死亡者数を大幅に減らし、2005年から2015年までと比較し、2020年から2030年の10万人あたりの死亡率を下げる。
2　2030年までに災害による被災者を大幅に減らし、2005年から2015年までと比較し、2020年から2030年の10万人あたりの被災者数を下げる。
3　2030年までに災害による直接の経済的損失を国内総生産との比較で減らす。
4　2030年までに災害へのレジリエンスを高め、医療や教育等の重要なインフラへの損害や基本サービスの途絶を大幅に減らす。
5　2020年までに国や地方レベルで防災戦略を有する国の数を大幅に増やす。
6　2030年までに開発途上国への国際協力を大幅に強化し、持続的な支援を行う。
7　2030年までに多くの人が多様な災害に対応した早期警戒システムや災害リスク情報を利用できるようにする。

加したりして、自治体や地域の団体と連携して活動することができる。

優先すべき行動3「レジリエンスのための災害リスク削減への投資」のレジリエンスとは、「復元力」や「弾力性」のことを指し、災害で外からの力が加わっても、しなやかに強く立ち直る力という意味で（6章3節）、災害だけではなく、日常生活においても、教育、子育て、地域づくりなど、様々な分野で使われている。具体的には、災害が発生しても被害や影響を最小限に抑えるために、家庭内では家具の転倒防止や非常食の準備など、職場では避難方法を事前に確認したり、災害時の帰宅方法を確認したりすることもレジリエンスを達成するための方法である。

優先すべき行動4「災害に備え、効果的な応急対応とより良い復興（Build Back Better）の実現」とは、災害発生直後に被害を最小限にできるように備えたり、長期的な復旧・復興の際に、災害前の状態に戻すだけではなく、災害発生前からあった課題も復興を通じて解決できるようにすることである。「より良い復興」は、仙台防災枠組ではじめて枠組の文言に入った。例えば、東日本大震災で被害を受けた三陸の沿岸地域は、津波前から少子高齢化や漁業の衰退といった課題があった。そこで、津波後の復興過程では、津波前の状態に戻るだけではなく、そのような課題にどう取り組むかが重要となる。そのためには他の地域で起こった災害と復興について学んだり、普段から地域の課題に取り組んだりすることが大切である。

仙台防災枠組で7つの目標（表7－2）を設定したことは、兵庫行動枠組からの進歩であるといえるが、より具体的な細かい数値を設定できなかったことは今後の教訓である。

2015年の仙台防災枠組の採択に際して行われた議論には、各国の代表者だけではなく、市民も様々な方法で参加した。日本の市民団体は2014年に「2015防災世界会議日本CSOネットワーク（JCC2015）」を結成し、仙台での国連防災世界会議に向けて、災害に強い社会を目指し、福島の原発事故の教訓を共有するために政策提言を行った。そして、JCC2015は2015年の国連防災世界会議の大臣級会議などのハイレベルな会合に参加し、福島の困難な状況や教訓について発表した。

それと並行して、JCC2015は仙台市市民サポートセンターや地元のNPOやボランティアの協力を得て、「市民防災世界会議（The Global Conference on Disaster Risk Reduction for Civil Society）」を行った。市民防災世界会議は、国連防災世界会議で最大の市民企画で、4日間にわたり、9つの分科会やシンポジウム、東北の伝統芸能のパフォーマンスなどが行われた。その後、JCC2015は後継組織の「防災・減災日本CSOネットワーク（JCC-DRR）」に移行し、仙台防災枠組について市民の目線でわかりやすく解説した冊子の『市民のための仙台防災枠組2015-2030』を発行するなど、仙台防災枠組で合意された内容を実施に移すための情報発信や政策提言を行っている。このように防災の国際的な枠組は、1990年代から約10年ごとに国際的な会議を開催し、10年間の成果や課題を議論した上で、より対象を明確にし、達成度を具体化しながら枠組を策定してきたことがわかる。

仙台防災枠組が採択された2015年の9月に持続可能な開発目標（SDGs）、12月にパリ協定が採択された。持続可能な開発目標は、国連サミットで採択された貧困や環境といった世界規模の課題を解決するための17の目標である。持続可能な開発目標では「防災」は目標の1つとはなっていないものの、実は17のす

コラム７－１　災害の国際的な会議や枠組は、なぜ日本ばかりで開催されるのだろう？

日本政府は、横浜、兵庫、仙台と過去３回にわたり国連防災世界会議を実施し、防災に関する国際社会の議論を主導してきた。地震、津波、台風、大雨、洪水など、これまでに多くの災害を経験してきた日本としては、経験と知見の蓄積を活かし、国際社会での議論を主導していきたいという政治的な思惑がある。一方で国際社会の側も、経験や強みを活かす貢献として、防災分野での国際協力を日本に期待しているといえる。

べての目標とかかわっている（図７－２）。貧困、気候変動、急激な都市化、環境の悪化などの要因は災害の被害を拡大することや、女性や子ども、高齢者など、社会的に弱い立場の人々が、より大きな災害の被害を受けるからである。特に目標「11 住み続けられるまちづくりを」と「13 気候変動に具体的な対策を」の達成指標として、仙台防災枠組に即した地域防災戦略を持つ国や自治体の数が盛り込まれ、目標達成の指標の１つになっている。この点で、兵庫から仙台において、防災は貧困、衛生、教育、ジェンダー、環境、経済成長、まちづくりなどの様々な分野とかかわる地球規模の課題であるという考え方に拡大したことがわかる。

図７－２　持続可能な 17 の開発目標
（出典：国際連合広報センターウェブサイト）

2 ▶ 防災と国際協力

（1）海外から日本へ

国内外で大規模な災害が多発している昨今、1つの国や地域で災害復興を担うのは困難であり、国内外の支援は不可欠である。日本が海外の開発途上国で国際協力の支援を行っていることは広く知られているが、海外から日本への支援については意外と知られていない。東日本大震災が発生した2011年に世界中の国々の政府や企業、民間団体などが行った国際支援を受けた額が最も多かった国は日本で、干ばつで苦しむアフリカ地域や大洪水が発生したパキスタンを大きく上回った（FTS 2013）。では、どのような国が日本を支援したのだろうか。

外務省によると、実に世界163の国と地域が義援金、物資、人的支援を含む様々な形で、日本への支援を申し入れた。その中には、裕福な先進国や近隣の国々だけではなく、パキスタンやトルコなど近年大きな災害が発生した国々や、紛争下で苦しい状態にあるアフガニスタンやイラクなどの国々も含まれる。それでは、海外からどのような支援があったのだろうか。

外務省によると政府間の支援では、震災後3日間の間に、6つの国（韓国、米国、シンガポール、中国、スイス、ドイツ）の救助隊が被災地に入り、日本の警察や消防、自衛隊などと協力し、救助活動や医療活動、がれき撤去作業などに従事した。震災後2ヵ月間で、23の国と地域からの緊急援助隊や医療支援チームが日本の被災地で緊急救援を行った（図7－3）。中国は3月14日から岩手県大船渡市で、台湾は3月16日から宮城県名取市と岩沼市で支援チームの活動を開始した。米国は海軍、海兵隊、陸軍、空軍が連携した「トモダチ作戦」といわれる2万人を投入する支援活動を行い、行方不明者の捜索や空港などの復旧活動を行った。

緊急期だけではなく、その後も世界の163の国・地域と43の国際機関から支援の申し出があった。当時の国連の加盟国が192ヵ国なので、世界中のほとんどの国と地域が日本を支援した、もしくは支援の申し出をしたということになる。

それらの多くの国と地域が日本を支援したことは、前向きに捉えると、これまで日本が開発途上国の支援をしてきた恩返しとも受け取れる。一方で、政府間の支援は純粋な人道的な目的だけではなく、外交や国益とのかかわりも含まれる。特に災害後の支援は国内外のメディアや市民の注目を集めやすい。いち早く支援額を表明することや、大規模な緊急救助隊を被災地に派遣することで、被災国や被災国民と良好な関係を築いたり、国際社会や支援国側の国民にアピールすることができるという側面もある。

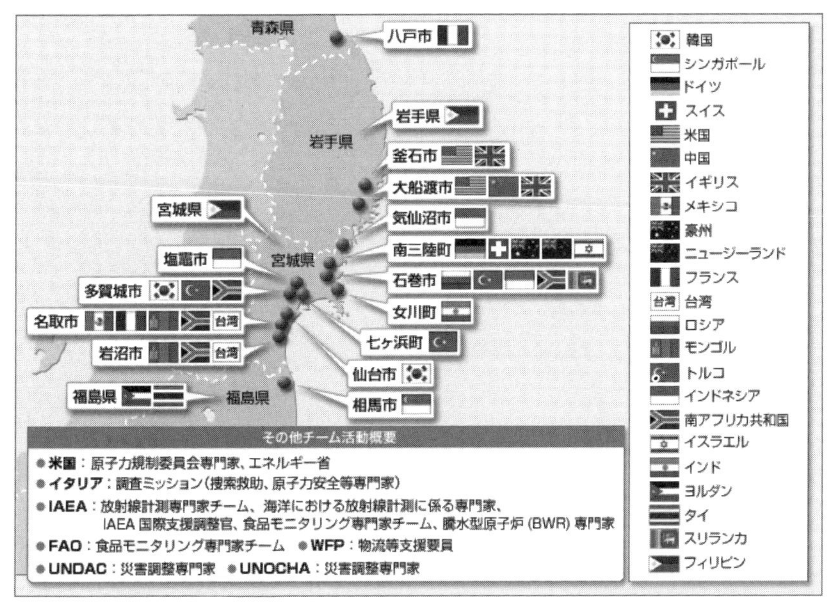

図７-３　海外からの緊急救援の活動場所（2011年9月30日付け）
（出典：外務省ウェブサイト）

一方で、このような政府間の支援は実は一部で、日本への支援の8割以上は民間団体や企業、個人からの支援だといわれている（FTS 2013）。民間団体や個人レベルの支援のすべてを把握することはできないが、最も有名な民間組織の1つとして赤十字社・赤新月社がある。赤十字社は日本でも有名だが、もともと1864年にスイス人のアンリー・デュナンという青年が始めた人道支援機関で、世界192の国と地域に広がっている。東日本大震災では世界各国の赤十字社・赤

コラム7－2　台湾の慈済基金会はどんな団体だろう？

台湾の仏教系の慈善団体である慈済基金会（じさいききんかい）は、台湾の花蓮県（かれんけん）を拠点にこれまで40年以上、台湾の医療や建設、教育、社会文化などの慈善事業を行ってきた。海外でも、日本を含む38ヵ国に支部があり、災害対応を含む様々な慈善事業を行っている。日本では、東京にある日本支部が中心となり、1995年の阪神・淡路大震災や2004年の新潟中越地震などで炊き出しや支援物資の提供を行ってきた。東日本大震災でも、2011年の6月から12月にかけて岩手県、宮城県、福島県の被災した29の自治体で、約10万世帯を対象に総額50億円以上の住宅被害の見舞金を配布したり、4,000人以上のボランティアを被災地に派遣し、炊き出しや清掃活動を行ったり、岩手県大槌町で奨学金の支援を行うなど、大規模な支援活動を行った（慈済基金会）。新型コロナウイルス感染症に際しても約50ヵ国で9億セット以上の医療用PPE（個人用防護具）、マスクなどを配布した。

新月社や政府等から日本赤十字社へ1,000億円以上の救援金があり（日本赤十字社）、それをもとに日本赤十字社は生活再建支援や医療支援など、様々な支援活動を被災地で行った。

（2）日本から海外へ

1）政府の支援

東日本大震災のとき、日本は海外から多くの支援を受けたが、日本から海外の被災地へはこれまでどのような支援がされてきただろうか。日本政府は開発途上国へインフラ整備、人材育成、平和構築、教育支援など、様々な分野を含む政府開発援助（ODA）を行ってきた。特に災害分野の国際協力は世界から期待されており、開発途上国や開発援助のあり方を議論する経済協力開発機構（OECD）の開発援助委員会（DAC）の政府開発援助についての審査では、災害が多く発生する日本の経験を開発途上国の発展に活かすよう提言している。

これを受けて、日本政府は、横浜、兵庫、仙台と3回にわたり国連防災世界会議を国内で実施し、防災に関する国際社会の議論を主導してきた（本章1節参照）。また仙台防災枠組後の取り組みである「仙台防災協力イニシアティブ」として、2015年からの4年間で、防災関連分野のソフト面、ハード面の両方で40

億ドルの支援と4万人の人材育成を実施しており、災害分野の国際協力は日本の経験や強みを活かして貢献できる分野として重点を置いている。また日本政府は、防災分野を主な目的とした国際協力だけではなく、「防災の主流化」としてあらゆる分野の課題に防災の視点を含めることを提唱している。政府開発援助の一環として国際協力機構（JICA）は、防災の主流化を視野に入れた事業を行っている。タイのバンコクで災害時の避難シミュレーションを考慮した地下鉄建設や、フィリピンで台風に耐え得る設計を施したオーロラ記念病院の改修などは、防災の視点を取り入れたインフラ整備の事業の例である。

2）NGOの支援

欧米諸国の政府開発援助と比べて、日本政府の支援が港湾や空港、道路や鉄道といった経済インフラ整備の支援が多い特徴がある一方で、日本のNGOの支援はソフト面を重視する傾向が強い。NGOは、Non-Governmental Organizationの略で、非政府、非営利組織のことを指す。災害だけではなく、環境、教育分野など、世界中で社会的な課題に取り組んでいる。国際協力NGOセンター（JANIC）によると、日本には434の国際協力NGOがあり、そのうち63団体が災害分野の国際協力に携わっている（Iizuka 2018）。

一般的に、欧米のNGOと比べると日本のNGOは歴史が30年程度と浅く、予算規模も小さい傾向にある。しかし、防災分野をみると、日本のNGOの予算規模は、開発援助全般の国際協力NGOと比べて5倍以上である（Iizuka 2018）。

その理由として、災害に対する日本人の関心の高さや、防災分野の活動を行うNGOは宗教を母体とした団体が多いこと、ファンドレイジングのノウハウのある欧米系列のNGOが多いことなどが挙げられる。また欧米では緊急時の医療や緊急救援などの専門に特化したNGOが多くある一方で、日本の防災NGOは、災害が発生した地域で長期的に復興や開発の課題にかかわる団体が多いのも特徴である（Iizuka 2018）。

もう1つの特徴として、日本の国際協力NGOの変遷を振り返ると、大災害が発生する度にその課題に対応するために新しい団体が設立され、その中から海外の被災地を支援するNGOが生まれている。1995年に発生した阪神・淡路大震災以降、海外の災害救援を行っているNPO法人、CODE海外災害援助市民センター

コラム 7－3　CODE 海外災害援助市民センター

図 7－4　アフガニスタンのぶどう農家
（出典：CODE）

CODE（コード）は阪神・淡路大震災の経験や教訓をもとに、海外の被災地の生活再建や復興を目指して、これまで 63 回の海外での災害支援を行ってきた。東日本大震災では 163 ヵ国からの支援を受けたと前述したが、その 16 年前の阪神・淡路大震災でも 70 余りの国々から支援を受けていた。海外から受けた支援の感謝として、世界各地の災害の被災者を支援しようと国境を越えた市民による救援活動が続いている。例えば、紛争で荒れたアフガニスタンでのぶどう畑の再生支援、スマトラ沖津波地震で被害を受けたスリランカでの防災教育活動、中国四川省の地震において地域の方が集う老年活動センターの建設、ハイチ地震において現地 NGO と連携した農業技術学校の建設等、多岐にわたる活動を世界の被災地で実施している。コロナ禍においても、2019 年 2 月からいち早く武漢やフィリピン等でコロナ対策支援を行っている。

（コラム 7－3）もその例である。

3）官民連携の支援

海外の災害救援における官民連携のモデルとして、ジャパン・プラットフォーム（JPF）がある。ジャパン・プラットフォームは政府、経済界、NGO が協力して災害救援を行う仕組みで、外務省や 100 以上の賛助企業や団体などが主に財政的な支援を行い、NGO が被災地に入り災害などの人道支援を行う（図 7－5）。企業による支援は募金だけではなく、航空会社や輸送会社が災害救援を行う NGO スタッフの渡航や物資輸送を支援したり、情報通信の企業が携帯電話の貸与を行ったり、企業のサービスを活かした支援も行われている。

ジャパン・プラットフォームを設立した大西健丞（おおにしけんすけ）氏によると、2000 年の設立前までは、災害発生前から支援に使うための基金はなく、災害発生後に各 NGO が募金活動を行い、その額の範囲内で緊急救援を行っていた。現在も各 NGO が募金活動を行うのは同じだが、外務省の基金や経済界の寄付金により、財政基盤が脆弱なNGOも災害発生直後から被災地に入り、ニーズに沿った緊急救援を迅速に行えるようになった。2001年にジャパン・プラットフォームが始まった当初は16のNGOが加盟していたが、現在は40団体以上に増え、緊急救援、教育支援や女性支援など、各NGOの強みを活かし、2000年の発足以来、50以上の国・地域を対象に人道支援を行っている。

最近では新型コロナウイルス感染症の対応として、中国や国内の医療機関に、防護服や医療用のマスクといった感染予防対策や検査業務に必要な医療物資を支援した。また、アフガニスタンや南スーダンといった医療機関が整っておらず、衛生環境が不十分な地域においても、ジャパン・プラットフォームに加盟している日本のNGOが様々な活動を行っている（JPF）。

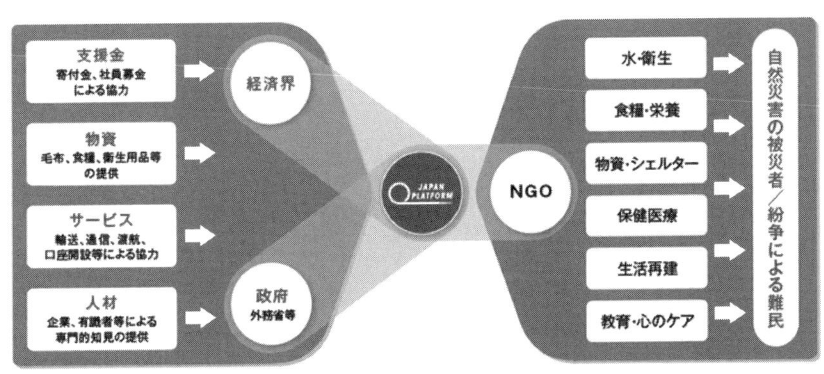

図7-5　ジャパン・プラットフォームの支援の仕組み
（出典：ジャパン・プラットフォームウェブサイト）

ジャパン・プラットフォームは、2000年に設立された官民連携の日本の国際協力のモデルであるが、アジア太平洋の国や地域で官民連携モデルを構築する動きがある。東日本大震災の翌年に、インドネシアで開催されたアジア防災閣僚級会合の場で発足した国際機関、アジアパシフィックアライアンス（以下、A-PAD（エーパッド））である。A-PADは、災害が多発するアジア太平洋地域で、災害の被害を最小限にするために、関係国のビジネス、NPO、政府や自治体、研究機関、メディア等が助け合う災害支援プラットフォームである。日本、インドネシア、韓国、スリランカ、フィリピン、バングラデシュの6ヵ国が加盟し、各国・地域ならではの災害時相互連携の仕組みが確立されつつある。

4）多様な支援

第二次世界大戦後の政府中心の国際協力から、1970年代後半のインドシナ難民の支援を契機に、一般市民やNGOが災害救援を行うようになった。特に1990年代以降は、国境間の移動や物流、コミュニケーションが発達し、前述した政府やNGOによる支援、企業を含む官民連携の支援だけではなく、著名人、専門家、教育機関、メディア機関など、多様な個人やグループが災害救援を行うようになった。

例えば、日本の建築家である坂茂（ばんしげる）氏は米国で建築を学んだ後、災害時に紙（紙管（しかん））を使った仮設住宅や教会の建設を提案、建設している。阪神・淡路大震災に神戸で建設した「紙の教会」は有名である。また、トルコ、台湾、インドの地震、ニュージーランドのクライストチャーチの地震などにおいても、紙を使った仮設住宅や教会を建設した。日本の被災地では、体育館などの避難所で紙管に布をかぶせて仕切りを作り、被災者のプライバシーを確保することを提案し、容易に組み立てや分解ができる入手可能な材料を使い、安全で質の高い建築物や空間を世界の被災地で実践してきた。

▶ まとめ

グローバル化が進み、災害の影響や支援活動も国境を越える。言語や文化、習慣の異なる海外の被災地で、どのように被災者のニーズを発掘し、被災者の自立を視野に入れた協力を行うかが大きな課題である。被災国や被災地域だけで解決できない大災害では、他の国や地域からの支援が求められる一方で、より多くの多様なアクターが介入し調整が複雑になる。支援を行う側と受ける側で上下関係が生まれ、被災した国や地域の自主性や持続性を損なう危険性も出てくる。その際に、この章で説明した国際基準や枠組に沿った適切な支援を行うことや、被災国や被災した人々の短期から長期にわたるニーズを尊重した支援を行うことが重要である。

災害が発生すると、人は誰もが助ける側にも助けられる側にもなり得る。貧困や環境破壊が課題となっている地域でも、災害をきっかけに災害前よりも「より良い復興（Build Back Better）」を達成することができるかもしれない。普段は友好関係が途絶えている国や地域においても、災害を機会に様々なアクターが助け合い、よりよい関係を生み出すことができるかもしれない。国境を越えて、助けたり助けられたりする、支え合いや学び合いをどう築いていくかが問われている。

参考文献

1）外務省「諸外国・地域・国際機関からの救助チーム・専門家チーム等活動場所一覧（2011年9月30日現在）」
（https://www.mofa.go.jp/mofaj/press/pr/wakaru/topics/vol73/index.html　2021.7.1 閲覧）

2）国際連合広報センター「SDGsのポスター・ロゴ・アイコンおよびガイドライン」（https://www.unic.or.jp/activities/economic_social_development/sustainable_development/2030agenda/sdgs_logo/　2021.7.1 閲覧）

3）ジャパン・プラットフォーム（JPF）「ジャパン・プラットフォームの支援の仕組み」
（https://www.japanplatform.org/about/jpf.html　2021.7.1 閲覧）

4）日本赤十字社「東日本大震災10年：日本赤十字社と国際赤十字・赤新月社連盟が共同メッセージ」
（https://www.jrc.or.jp/international/news/210310_006572.html　2021.7.1 閲覧）

5）Financial Tracking Service（FTS）（2013）Natural Disasters 2011, Summary of Contributions per Disaster
（https://ftsarchive.unocha.org/pageloader.aspx?page=emerg-emergencies§ion=ND&Year=2011　accessed on July 1, 2021）

6）Financial Tracking Service（FTS）（2013）Japan Earthquake and Tsunami, March 2011, Total Humanitarian Assistance per Donor（https://ftsarchive.unocha.org/pageloader.aspx?page=emerg-emergencyDetails&emergID=16043　accessed on July 1, 2021）

7）Iizuka, A.（2018）The nature and characteristics of Japanese NGOs in international disaster response, *Disaster Prevention and Management, an International Journal*, 27（3）pp.306-320.

▶ 課題に挑戦してみよう！

□ ① 世界中で発生する自然災害や紛争の支援における代表的な国際基準として「スフィア基準」ができた背景は何でしょうか。また国内で「スフィア基準」を考慮に入れた災害対応の事例を調べてみましょう。

□ ② 持続可能な開発目標の17の目標のうち、1つの目標を選び、災害や防災とのかかわりを説明してください。

□ ③ 仙台防災枠組の4つの優先行動のうち、みなさんができることに取り組み、その感想をレポートに書いてください。

□ ④ 本章に出てきた防災と国際協力に関するアクター（政府、NGO、ビジネス等）のうち、みなさんが興味のあるアクターを調べてみましょう。

～柴田貴史さん（鹿沼市社会福祉協議会）に聞いてみよう～

国を越えてつながる支援

Q1 スフィア基準は、紛争や難民といった海外の難しい課題への国際基準というイメージがありますが、国内でスフィア基準を考慮に入れた避難所の事例はありますか。

スフィア基準は、もともとルワンダの大虐殺を教訓に海外の NGO グループが始めた取り組みです（7 章 1 節参照）。そのため、国内での認知度は、人道支援や災害救援などの一部の人たちだけに限られていました。しかし、2016 年の熊本地震の際に避難所運営や災害関連死といった課題が出てきて、日本でも注目されるようになり、最近では内閣府の『避難所運営ガイドライン』や、自治体の避難所運営マニュアルなどにもスフィア基準の記載があります。

具体的な事例としては、東日本大震災の際に県外避難者を受け入れた栃木県鹿沼市の避難所で、女性だけが入ることができる女性専用の洗濯物を干す場所や、女性のみが利用できる休憩スペースを作った避難所がありました。仮の住まいである避難所においても、ジェンダーに配慮し、被災者が尊厳を持って生活を送ることができるような環境づくりを行った好事例です。そのためには、避難所に避難してきた被災者の意見を取り入れながら、避難所を運営することが重要です。

では、どのように被災者の意見を聞くとよいでしょうか。避難所内で相談する場所や窓口があるだけではなく、そこに言いやすい雰囲気があることが大切になります。例えば、あまり人目につかない洗面所や更衣室に意見箱を設置するなど、匿名性の確保が必要です。また、避難所の管理者などの相談相手は、男性と女性、若者など多様性に配慮することも、とても重要です。

Q2 海外から日本の被災地への支援について、興味深いエピソードがあれば教えてください。

2015 年 9 月に発生した関東・東北豪雨では、関東地方から東北地方を中心に豪雨による大規模な被害をもたらしました。そのような中、甚大な被害が生じた栃木県鹿沼市に、在日米軍横田基地から米兵約 60 人がボランティアに駆けつけました。統制のとれた復旧活動の専門家集団である米兵は、鹿沼市の小学校の体育館に住み込みながら自宅敷地に流れ込んだ土砂や倒木を除去したり、これは無理だろうというような大きなものを運び出したり、水路の修復や小学校に堆積した土砂の除去をしてくれました。また、重機が入ることができないような狭いところも屈強な肉体が頭から泥まみれになるくらい活躍してくれました。彼らの活動は力強さだけではなく、作業以外の場面でも地域住民や小学生たちと交流し、地域住民とともに活動したことでたくさんの笑顔が生まれたことも印象的でした。

Q3 東日本大震災では世界中から日本へ多くの支援がありましたが、マイキーにとって興味深いエピソードがあれば教えてください。

東日本大震災では世界中から日本への支援があり、その中でも米国による「トモダチ作戦」、台湾からの義援金、ドイツからの特殊車両の提供は話題になりました。一方、地震発生時に、成田空港や羽田空港等の主要空港が閉鎖となり、その代替着陸先として在日米軍横田基地が11機の民間旅客機を受け入れ、500名以上の乗客、乗務員に対し一時的に被災者支援を行ったことはあまり知られていません。しかも、最初に横田基地に着陸した飛行機は、地震発生からわずか1時間後だったそうです。治外法権があり、普段はあまり接点がありませんが、いざとなったら在日米軍基地も協力してくれることがわかりました。着陸後に米軍関係者が機内にパスポートの確認をするために入り、少し緊張する場面もありましたが、基地内の施設に入ると米軍関係者の人たちが温かく迎えてくれて、食事や休むところを提供してくれたそうです。

おわりに

筆者の勤める宇都宮大学では2011年4月末に、宮城県石巻市までボランティアバスをしたてて、学生が被災地の災害ボランティア活動に参加した。その後、2018年まで続く、東日本大震災の被災地での学生ボランティア活動の始まりだった。4月1日に文部科学省から、学生をボランティアとして期待する旨の通知は出ていたものの、果たして学生が行けるところなのかという懸念が大学にはあった。そこで、筆者を含め教員有志で現地下見に行き、その1週間後にはボランティア募集を開始して、10日後にはボランティア講習会を開催、2週間後には最初のバスを現地に送り出し、1日1台の運行を3日続けた。今から考えるとよくぞできたと思うスピードとエネルギーである。

本学がもともと災害ボランティア活動に熱心だったから可能だったのか？　答えはNOである。何の備えもなかった。しかし、現地視察の際に見た被災地の惨状、そのあまりに大きな衝撃に、大学としてできることは何なのかを真剣に考えざるを得なかった。

地域福祉を専門とする筆者にとって、何もかもが津波で流され、元の形をとどめていないまちの姿は衝撃だった。「地域とは？」「まちとは？」「ここからどうやってコミュニティを再興できるのか？」と呆然としたのを覚えている。

災害ボランティアセンターから割り当てられた最初の現場は、1階の天井まで水が来たという幼稚園だった。連休明けからやってくる子どもたちを少しでもきれいな園で迎えるためにそうじを始めたけれど、地震でずれてしまったプールは持ち上がらないし、床はふいてもふいても泥が出てくるしで、先生方は途方に暮れていたという。そろいの雨合羽上下に長靴、スコップやデッキブラシやバケツ、さらには高圧洗浄機まで抱えて歩いてくる数十人の学生集団を見て、これで一気に片づけられる、子どもたちが園に戻るのに間に合ったと思うと、嬉しいやらほっとするやらで涙が出たと、先生方は話してくれた。その後、宇都宮大学は学生ボランティア支援室の看板をかかげることになり、筆者はその担当教員となった。2011年の秋頃からは、宮城県亘理町（わたりちょう）を中心として、仮設住宅の戸別訪問、地元NPOのイベントや町の復興マラソン大会のお手伝い、小学校でのサマースクールなどの活動のために継続的に現地に出向いた。その頃の被災地支援

とは、遠く離れた被災地にバスで出かけていくものであった。

ところが、2015年に考えもしなかった事態が発生した。平成27年9月関東・東北豪雨災害によって、本学の地元、栃木県が被災地になったのである。そのとき、引き続き学生の災害ボランティアを担当していた筆者が協力を請うたのが、本書を執筆している石井、土崎、近藤である。そして、学生を連れて行った鹿沼市社会福祉協議会の災害ボランティアの現場で学生を指導してくれたのが、社協職員でありながら、災害ボランティアのエキスパートとして名を馳せているマイキーこと柴田である。

鹿沼市の被災地に行った翌日には、急遽学生に周知し、夏休みが終わるまで、希望する学生をボランティアとして送り出すことにした。やはり被災現場の衝撃、そして何よりそれが地元で起こっているという事実に動かざるを得ないと確信したからである。

大学自体にはさしたる被害もなかったが、被災地の大学としてすべきことは、被災地に出向く大学のすべきこととは違っていた。まず、全国から支援に来てくれる大学の窓口と学生のコーディネート、地元の行政や社協やNPOとの連携、学内の調整、それらを流動的な状況の中でスピード感を持って進めなければならない。鹿沼市での活動は2017年3月のお話聞き（被災宅の戸別訪問）で終わり、災害時の相互協力を盛り込んだ大学と鹿沼市社会福祉協議会との協定の締結という成果もみたが、被災地の大学としてすべきことはそれで終わりではなかった。

栃木県は海なし県だから津波の心配もなく、今まで大きな災害に見舞われたこともない、暮らしやすい土地だと地元の人からよく伺う。しかし、関東・東北豪雨災害はそれが思い込みに過ぎないことをつきつけた。首都直下地震で首都機能が失われたら、東京から100キロの栃木県が支援活動の拠点にもなりうる。地元栃木でも、防災・減災そして災害ボランティアを育てたいとの思いを強くした。そこでまず、地元主体の災害復興のあり方を研究するために科研費に申請し採択された（「内発的復興を視野に入れた災害ボランティアコーディネーションシステムの構築」「災害に強い地域づくりに向けた地域防災・復興システム構築に関する国際比較」）。また一般住民を対象として、2016年から大学公開講座「栃木で考える防災と災害復興」を、2018年からは教員免許状更新講習「学校防災と減災・防災教育の基礎」を開講している。2017年には、災害支援のNGOで働いた経験もあり、海外での災害時支援に詳しい飯塚が赴任しメンバーに加わった。

そして、再び、豪雨が栃木県を襲った。2019年の令和元年東日本台風である。県内では8市2町と過去最多の災害ボランティアセンターが立ち上がった。再び学生とともに災害ボランティアとして活動をすることになり、柴田は支援を受け入れコーディネートする立場として、他のものは学生・教職員を組織する立場としてかかわった。

このような作業や体験を著者らで積み重ねる中から、日頃から防災・減災について学生や市民とともに考えて準備していくことの大切さを痛感した。そして、今後の活動を考えていくためにも、自分たちが伝えたいことを一冊の本にまとめる必要を感じるようになった。本書を手にとってくれた方々にも、それぞれの震災とのかかわり、特に東日本大震災からの来し方行く末があるのではないだろうか。読者それぞれの思いも重ねて読んでいただければ幸いである。

この本の構想が生まれたのは2018年である。それからそれぞれの原稿を持ち寄って議論してきたが、その作業は容易なものではなかった。転職や異動があったり、在外研究で日本を不在にするものがいたり、またこれも一つの災害と考えていいと思うが、全世界規模でのコロナ禍の発生で、執筆が止まってしまうこともあった。そんな中、本書が出版までこぎつけられたのは北樹出版の椎名さんの的確なアドバイスと辛抱強い促しがあったからにほかならない。この場を借りて感謝を申し上げたい。

東日本大震災から10年5ヵ月の日に

宇都宮大学　長谷川 万由美

索　引

あ　行

か　行

さ　行

た 行

な 行

は 行

ま 行

や　行

ら　行

執筆者紹介（執筆順）

近藤 伸也（こんどう・しんや）（編者、1章・2章・3章）
宇都宮大学地域デザイン科学部社会基盤デザイン学科准教授／東京大学大学院工学系研究科社会基盤学専攻博士課程修了。博士（工学）。阪神・淡路大震災のときは東京の高校生だったが、被害の大きさを目の当たりにして、防災に貢献できる仕事を志す。専門は災害対応に関する業務分析やデータベースの構築であったが、少しずつ地域での防災に貢献できるよう、災害対応に関する能力を身につけるための訓練や演習の企画運営、中山間地域の潜在的防災力の評価に取り組んでおり、現職でも主に栃木県をフィールドとして実施している。

長谷川 万由美（はせがわ・まゆみ）（編者、2章・3章・6章）
宇都宮大学共同教育学部教育人間科学系教授／法政大学大学院社会科学研究科社会学専攻博士課程満了。修士（社会学）。社会福祉士、保育士、防災士。日本福祉のまちづくり学会副会長。大学卒業後、公務員となった最初の配属先が福祉事務所だったことから、福祉にかかわるようになる。母子、障害者、高齢者、外国人など地域に暮らす人々の多様な「ふだんのくらしのしあわせ（ふくし）」を追求する地域福祉が専門。東日本大震災後は、被災地支援に学生とともに参加し、被災地域の福祉を深く考えるようになった。最近はドラムサークルを通じたまちづくりにも取り組んでいる。乗り鉄メインのママ鉄歴20年。

土崎 雄祐（つちざき・ゆうすけ）（4章）
一般社団法人とちぎ市民協働研究会専務理事・事務局長／認定NPO法人宇都宮まちづくり市民工房常務理事。放送大学大学院文化科学研究科文化科学専攻修士課程修了。修士（学術）。ボランティアコーディネーション力検定1級合格。東日本大震災直後に大学新卒で栃木県内のNPO支援機関に就職し、災害ボランティアにかかわって以降、NPO職員や大学教員などの立場で被災地への学生ボランティアの送り出し、災害ボランティアセンターの運営支援、救援活動に関する情報共有会議の場づくりなどに従事。アイドル関係のフィールドワークが思うようにできないのが最近の悩みの種。

石井 大一朗（いしい・だいいちろう）（5章）
宇都宮大学地域デザイン科学部コミュニティデザイン学科准教授／慶應義塾大学政策・メディア研究科博士課程修了。博士（政策・メディア）。一級建築士、専門社会調査士。阪神・淡路大震災を契機としてハードのまちづくりから、ソフトのまちづくりに関心をもつ。東日本大震災後は、神奈川県のNPO等が連帯して被災地支援を行う団体、くらしまちづくりネットワーク横浜を設立し、岩手県大槌町等でNPO運営支援や地域交流拠点づくりに従事。2015年に栃木県に移住。専門は市民参加、コミュニティ政策。防災は、まちを知り楽しむ大人や中学生を増やすことからと、実践と研究に取り組んでいる。

飯塚 明子（いいづか・あきこ）（編者、7章）
宇都宮大学留学生・国際交流センター助教／京都大学大学院地球環境学舎博士課程修了。博士（地球環境学）。米国の大学（経済学）とオランダの大学院（国際協力学）を修了後、阪神・淡路大震災の経験をもとに設立されたCODE海外災害援助市民センターで海外の災害復興支援に携わる。ベトナムとスリランカに計8年駐在し、防災分野の国際協力事業に従事。2017年に宇都宮大学に着任。専門はコミュニティ防災と国際協力。2019年米国ノースイースタン大学の招聘研究員として研究を行う傍ら、ヨガインストラクターの資格を取得。心と体の健康は防災の基本と信じて、15年以上ヨガを実践中。

柴田 貴史（しばた・たかし）（マイキーズ・アイ！）
社会福祉法人鹿沼市社会福祉協議会職員／認定NPO法人とちぎボランティアネットワーク災害担当理事／震災がつなぐ全国ネットワーク幹事。高校在学中の1993年北海道南西沖地震の募金活動に参加したことをきっかけに災害支援に興味をもち、1995年阪神・淡路大地震からボランティア活動に参加して以降、国内外の災害支援に参加。普段は行政や社会福祉協議会、自治会などでの防災講座に取り組み、災害時にはたくさんの仲間達とともに様々な活動を行っている。マイキーと呼ばれること30年、SNSの普及により本名を知らない人も多い。

はじめての地域防災マネジメント

災害に強いコミュニティをつくる

2021年10月15日　初版第1刷発行

長谷川万由美
編　者　近藤　伸也
飯塚　明子
発行者　木村　慎也

定価はカバーに表示　印刷・製本　モリモト印刷株式会社

発行所　株式会社　北樹出版

〒153-0061　東京都目黒区中目黒1-2-6
URL：http://www.hokuju.jp
電話(03)3715-1525(代表)　FAX(03)5720-1488

ISBN978-4-7793-0666-2　（落丁・乱丁の場合はお取り替えします）